El lenguaje secreto del rostro

Camillo Baldi

EL LENGUAJE
SECRETO DEL ROSTRO
CÓMO DESCIFRARLO E INTERPRETARLO

dve
PUBLISHING

© Editorial De Vecchi, S. A. 2018
© [2018] Confidential Concepts International Ltd., Ireland
Subsidiary company of Confidential Concepts Inc, USA
ISBN: 978-1-64461-087-9

Impreso bajo demanda gestionado por Bibliomanager

Índice

La fisiognomía: datos históricos

- El estudio de la relación cuerpo-mente ha seguido diversos rumbos.
- Desde Aristóteles a Lombroso pasando por Pende, hoy día los estudiosos están de acuerdo en la validez de la fisiognomía como instrumento indispensable para conocerse a sí mismo y a los demás.

La fisiognomía es una disciplina paracientífica que se propone deducir las características psicológicas y morales de una persona a partir de su aspecto físico y, de manera especial, a partir de los rasgos y de las expresiones del rostro. Antiguamente se la consideraba parte esencial de la fisiología práctica: los llamados *physiognómicos* intentaban «adivinar» el carácter de un hombre comparando sus particularidades físicas con diferentes tipos de animales a los cuales se les atribuían diversas cualidades morales. De esta manera se explica la identificación de Atila con el halcón, la de Nerón con la hiena, la de Voltaire con el hurón y la de Cleopatra con la pantera.

Desde siempre, el hombre ha intuido que existe una estrecha dependencia entre el aspecto físico de una persona y su carácter y comportamiento, más allá de la información genética de cada uno de nosotros. De hecho, el origen de la fisiognomía puede remontarse a las clasificaciones que se crearon ya en la prehistoria distinguiendo los hombres físicamente perfectos de aquellos que por tener algún tipo de defecto eran considerados fuera de la norma, incluso enfermos interiormente.

Con el paso de los siglos y con el progreso de la organización social, así como gracias a la experiencia empírica, se llegó a establecer una relación entre el aspecto físico y el comportamiento. Sin embargo, para llegar a una primera formulación coherente de esta teoría, se tuvo que esperar a las verificaciones científicas por parte de estudiosos de la Grecia antigua como Platón, Hipócrates y Aristóteles, autor, este último, del más antiguo tratado de fisiognomía que conservamos.

Durante toda la Edad Media la fisiognomía constituyó una materia de estudio tanto para los científicos, en especial los árabes como Averroes y Avicena, como para los filósofos escolásticos, como san Alberto Magno, Pedro Lombardo y Duns Scoto.

Sin embargo, la fisiognomía conoció su más amplio desarrollo en el Renacimiento: los tratados sobre este tema se multiplicaron y culminaron en 1586 con la publicación de lo que todavía hoy se considera un texto fundamental de la fisiognomía, *De humana physiognomonia* de Giambattista Della Porta. En este libro, que influyó e inspiró en gran manera la práctica artística de la caricatura, se demostraban los principales paralelismos entre la figura humana y sus elementos caracterológicos, y el aspecto animal. Todavía lejos de las implicaciones psicológicas de la fisiognomía moderna, en el libro de Della Porta, traducido a varias lenguas y reeditado en numerosas ocasiones, se perfilan los principales elementos científicos de la caracterología, esos principios que,

tras los profundos estudios acerca de la anatomía llevados a cabo en el siglo XVI, llevaron al teólogo suizo Johann Kaspar Lavater a publicar, entre 1775 y 1778, *Physiognomische Fragmente zur Beförderung der Menschenkenntnis und Menschenliebe* (Fragmentos fisiognómicos para promover el conocimiento y el amor del hombre). En esta obra, en cuya elaboración colaboró incluso Goethe, Lavater, retomando con nuevas observaciones e ideas los estudios de sus precursores, trató de dar a la fisiognomía la dignidad de una ciencia exacta. Basándose en los resultados de análisis de las fisonomías de personajes célebres, el estudioso suizo llegó a formular la hipótesis según la cual la vida intelectual y las facultades del hombre se manifiestan sobre todo en la estructura del cráneo y en la forma del rostro, de la frente, de la nariz y de la boca.

Contemporáneo a Lavater, el fisiólogo holandés Petrus Camper, asociando a los estudios fisiognómicos las primeras teorías de carácter evolucionista, lanzó una hipótesis en la que relacionaba de forma directa la apertura del ángulo facial, es decir, la proyección ideal del rostro, y el grado de inteligencia. A principios del siglo XIX, el médico alemán Franz Joseph Gall llegó a formular, haciéndose eco de algunas de las afirmaciones de Lavater, los primeros rudimentos de la frenología. Gall, y posteriormente su alumno Johann Kaspar Spurheim, afirmó que el desarrollo y la capacidad mental están estrechamente relacionados con las protuberancias y las depresiones de la caja craneal.

Prosiguiendo estos estudios y completándolos con nociones de antropología, César Lombroso elaboró, en las últimas décadas del siglo pasado, un sistema de fisiognomía criminológica que encontró tanto el favor del público menos culto, como la aprobación de los jueces y magistrados, quienes no dudaron en utilizar sus trabajos con el fin de avalar sentencias dudosas.

En 1930 un riguroso y sistemático estudio publicado en Estados Unidos por el inglés Charles Goring demostró definitivamente la falta de fundamento del sistema de Lombroso. A esto siguieron numerosas confutaciones de la fisiognomía por parte de psicólogos y antropólogos que acabaron de desacreditar por completo esta disciplina.

Sólo a partir de la década de los años cincuenta el interés por la relación existente entre cuerpo y mente ha llevado a estudiosos como Sheldom, Pende y Gibass a elaborar una teoría fiable sobre la fisiognomía que, basada en las investigaciones científicas más avanzadas tanto en el campo biológico (en lo que respecta al cuerpo) como en el campo psicológico (en lo que se refiere a la mente), se presenta ahora como un instrumento válido y con sólidos fundamentos.

En la actualidad, la fisiognomía ayuda a superar la barrera tras la que se esconden las personas mostrándose como lo que efectivamente son, más allá de los estereotipos y de las apariencias, para que el comportamiento de cada uno no esté dictado por elementos de dependencia y el yo pueda expresarse sin limitaciones.

Actualidad de la fisiognomía

- Cada vez se habla más de incomunicación, de soledad, de dificultades en las relaciones sociales y afectivas.
- La fisiognomía se ha convertido en un auténtico «arte de interpretación» de la psique. Conocer sus fundamentos es de gran ayuda en todos los momentos de la vida.

La mayoría de las personas apenas observa a los demás cuando camina entre ellos, y cuando esto sucede, la mayoría de las veces la persona reduce este acto a una mera formalidad: mira sin ver.

El hábito de no observar con la justa atención lo que nos circunda, además de influir negativamente en la psique, cierra la posibilidad de un encuentro que, aunque fortuito, podría haber originado una nueva relación. Y esto sucede en una época en la que se habla con frecuencia de incomunicación. Subrepticiamente va instaurándose en la persona una especie de vocación por la soledad, un deseo de aislamiento que se contrapone no sólo al conocimiento de los demás, sino también al de uno mismo. En pocas palabras, se acaba por desfigurar el exacto valor de las relaciones sociales que, aunque falseadas por las convenciones, deben considerarse como una de las peculiaridades de los seres dotados de inteligencia. En efecto, las relaciones interpersonales han caracterizado a los hombres ya desde los remotos tiempos de la prehistoria.

Entonces, ¿cómo encontrar un remedio para esta situación que, aparentemente, es como un pez que se muerde la cola? ¿Cómo determinar las causas? ¿Acaso pueden imputarse al frenético ritmo de la vida moderna? ¿O deben buscarse una vez más dentro de nosotros mismos? Con toda honestidad hay que admitir que las motivaciones de este comportamiento se encuentran en cada uno, minando la capacidad de comunicación.

En cualquier caso, el problema reside en la falta total de estímulos que empujen a las personas a actuar y a comportarse de un modo determinado, responda o no este comportamiento a la realidad.

En efecto, cada uno se presenta y se comporta en virtud de una finalidad que se ha prefijado y por la cual está dispuesto a sacrificar una parte, o la totalidad, del propio yo. Como en una escena de una obra de teatro en la que ya se conoce el final, a menudo se interpreta un personaje en la vida cotidiana. Las frases no se corresponden necesariamente con el pensamiento que se formula, del mismo modo que las actitudes no traducen las intenciones que se pretenden manifestar.

En consecuencia, es fácil imaginar la importancia que tiene la capacidad de percatarse de las intenciones reales de un posible interlocutor mediante un análisis con el que, desde un primer momento, pueda captarse la verdadera personalidad, más allá de las palabras convincentes o de la aparente cordialidad con las que el otro intenta prevenir o amortiguar una reacción que pudiera dificultar la consecución de sus intereses.

Cualquier empresario conoce las dificultades que afloran a la hora de iniciar o concluir una negociación con éxito cuando la otra parte está representada por un orador hábil, en el que tanto la corrección, como la sinceridad se revelan como signos indescifrables. En este caso, la lógica sugiere averiguar las intenciones reales del interlocutor para prevenir aquellos riesgos que podrían hacer naufragar toda la operación. Sin embargo, todavía hay muchos que se preguntan cómo hacerlo.

Pues bien, existe una solución al alcance de todos. Siguiendo el ejemplo de otros países, actualmente en España también muchos profesionales acuden con éxito al arte de la fisiognomía para superar las dificultades derivadas del escaso conocimiento de la persona con la que se emprende una relación de negocios, y para captar sus posibles intenciones ocultas. Debe hablarse de «arte» en cuanto esta disciplina presupone una específica habilidad para aplicar las propias facultades de observación para intuir a partir del rostro del interlocutor, más allá de las segundas intenciones e hipocresías, su verdadero carácter y hasta sus intenciones más recónditas.

Cada persona posee un rostro único y completamente diferente de cualquier otro: ni siquiera la cirugía plástica puede camuflar ciertos detalles —como la intensidad de la mirada— sobre los que se basan los fundamentos de la fisiognomía; es decir, las nociones que relacionan el aspecto del individuo con las tendencias de carácter fundamentales, aplicadas a los diferentes caracteres sobre los que se hablará en próximos capítulos.

Indudablemente, estas afirmaciones, que en un principio pueden suscitar cierta desconfianza e incredulidad, sólo podrán hallar un amplio consenso después de haber sido tratadas detalladamente. Este es el objetivo propuesto en esta obra, en la que, con un lenguaje sencillo, se acompañará al lector por los meandros de la caracterología, ayudándole a captar los datos significativos y prácticos de esta disciplina que goza en la actualidad de una merecida consideración, sobre todo desde que se han revisado los elementos obsoletos o de escasa credibilidad científica.

Para llegar a una explicación concreta y definitiva del enunciado fisiognómico, es necesario recordar brevemente aquellas situaciones que demuestran de manera innegable que existe una relación directa entre el cuerpo y la psique. Basta con recordar mentalmente alguna experiencia personal, como la aceleración del ritmo cardíaco que acompañó el primer examen o la ansiedad que precedió a la primera cita, para darse cuenta de que tales alteraciones podían leerse incluso en nuestra propia cara, de forma que es posible, a su vez, que cada uno las capte en el rostro de otro.

Fuera del ámbito estrictamente personal, para defender la tesis de la interdependencia entre cuerpo y psique, puede citarse como inequívoco el caso del encanecimiento del cabello a causa del miedo, es decir, de un trauma emotivo muy fuerte del que se llevarán para siempre las marcas. En esta misma línea se encuentran las enfermedades psíquicas, que se exteriorizan en auténticas enfermedades físicas. La medicina psicosomática explica, en efecto, que buena parte de las úlceras y taquicardias tienen su origen en el subconsciente, que no hace otra cosa que reflejar en el cuerpo sus propios trastornos. Últimamente, incluso la psicología está poniendo en evidencia que en la base de muchas enfermedades existe una condición mental negativa que, tras haber agotado las propias defensas naturales, explota en el individuo en forma de trastorno de cierta gravedad.

En esto se basa, precisamente, la idea de que una atenta observación del aspecto exterior de una persona puede hacer intuir lo que está ocurriendo en su interior. Esto es así también porque cualquier experiencia vivida deja una marca indeleble que contribuye a formar, mediante una continua evolución, el propio carácter.

La psique, o el espíritu si se prefiere llamarlo así, se refleja principalmente en el rostro. En efecto, a menudo se oye hablar del rostro ascético del idealista, de la mirada lasciva del vividor y de las arrugas como emblema de nuestro estresante tipo de vida.

Partiendo de estas consideraciones de carácter general, con la ayuda de la fisiognomía podrán descubrirse, analizando las diferentes partes del rostro, el temperamento real y las virtudes y defectos de cualquier persona. Debe subrayarse que para este tipo de estudio no es suficiente tomar en consideración única y exclusivamente las diferentes partes del rostro, sino que también es indispensable valorar con atención la veracidad de las propias observaciones. Por ello deben mejorarse las capacidades personales mediante una ejercitación constante para conseguir juicios acertados. Es decir, no es suficiente con saber reconocer el temperamento del interlocutor, sino que también hay que prever cuál será su comportamiento y sus reacciones, con el fin de poder actuar de la manera más acorde con las propias aspiraciones.

El hecho de considerar a cada semejante como un ser dotado de sentido común, con dominio de sí mismo, racional y lógico, no debe hacernos olvidar que existen situaciones especiales en las cuales el individuo lucha desesperadamente por conseguir sus propios intereses, ya sean ideológicos o materiales, y que en esas condiciones se manifiesta la verdadera naturaleza de la persona, al margen de la hipocresía y las convenciones.

Descubrir el verdadero temperamento de una persona por anticipado es siempre un factor que debe considerarse positivo en la vida social.

En el rostro se registran, como ya se ha descrito, las huellas de los pensamientos y de las acciones que han determinado el carácter, auténticos indicios de la vida interior de cada uno. Observarlo con atención significa, por lo tanto, llegar con seguridad al origen de la categoría característica a la que pertenece la persona, y que permitirá identificar las peculiaridades psíquicas sin tener que esperar una situación excepcional que tenga efectos negativos en nuestra psique: de este modo el observador podrá invertir posibles posiciones de fuerza en su favor.

La fisiognomía, tal y como se propone aquí al lector, se revelará útil en cualquier faceta de la vida diaria, dirigiendo las relaciones interpersonales, tanto sociales como afectivas, hacia una identidad armónica.

El análisis de los demás tendrá que ver única y exclusivamente con el momento en que se observe, y no equivocarse en esta valoración permitirá manejar con tranquilidad la fase inicial de una relación que podría fracasar incluso mucho tiempo después: la importancia del primer momento, en términos de confianza, repercutirá de este modo en toda la relación.

La complexión

- **El individuo longilíneo, el individuo brevilíneo.**
- **El hombre delgado.**
- **El hombre obeso.**

La primera definición espontánea con la que se describe a una persona se refiere a si la persona es gorda o delgada, incluso ante personas que no se corresponden completamente con tales calificativos.

Ya se ha comentado con anterioridad que el físico refleja exactamente todo lo que se encuentra en el interior, y que la presencia y la cualidad de las propias dotes se revelan en el semblante. Desde la Antigüedad la anchura o el volumen de una persona se asociaban a la expresión de las cualidades, mientras que la altura se interpretaba como exponente de cantidades. Partiendo de estas consideraciones pueden atribuirse tanto al hombre delgado como al gordo algunos valores caracteriológicos.

El *individuo longilíneo*, es decir, aquel que presenta una estructura ósea y muscular muy alargada, es una persona habitualmente reflexiva y poco activa; se encuentra frecuentemente entre los idealistas, los místicos, los literatos y los filósofos.

El *individuo brevilíneo*, es decir, aquel que presenta una estructura ósea y muscular más bien robusta, es una persona que prefiere la acción al pensamiento, lo que le lleva a preferir la realidad a los ideales. Lógicamente se vuelca en las actividades que requieren fuerza y decisión.

Es evidente que los tipos descritos corresponden a los extremos de una larguísima gradación compuesta por muchos factores diferenciales que se corresponden con otros tantos tipos, de tal forma que es imposible hacer una lista completa. Sin embargo, antes de analizar las diferentes categorías de delgados y gruesos, es oportuno transcribir una frase de Gibass que, atentamente aplicada, permite identificar la naturaleza de cada persona: «...donde predominan la altura y la longitud sobre la anchura se tiene siempre mayor tendencia al raciocinio que a la acción, de la misma forma que donde predomina la anchura o el grosor se tiene siempre una correspondiente supremacía del dinamismo sobre los sentimientos y sobre las sutilezas del razonamiento». Estos conceptos se conocen con la denominación de *fórmula o ecuación de Gibass.*

La persona delgada

Frente a una persona delgada generalmente se tiene la impresión de debilidad en la salud, quizás a causa de su descarnado rostro con la piel tensa. Dado que la delgadez puede tener diferentes orígenes, también pueden asociarse, como se verá a continuación, los elementos caracteriológicos con cada uno de los tipos de delgadez. En cualquier caso, en general, puede afirmarse esencialmente que el delgado es un ser inadaptado y este trastorno que padece tiene su origen en afecciones orgánicas.

Ya se sabe que existe una estrecha relación entre el cuerpo y la psique: en el caso del adelgazamiento, los diferentes factores que han contribuido a alterar los rasgos pueden averiguarse a partir del rostro, cuyas secciones están en relación con las principales funciones fisiológicas. Por ejemplo: las mejillas hundidas ponen en evidencia una debilidad del aparato digestivo, la nariz afilada testimonia una dificultad respiratoria y los ojos hundidos manifiestan problemas intestinales. Pero el signo inconfundible en la persona delgada es una arruga paralela al arco de las cejas que refleja el constante estado de excitabilidad. Estas son, pues, las principales características de la persona delgada: la excitabilidad y la inadaptación. Sufriendo en la intimidad estas características, acaba adquiriendo un comportamiento dubitativo y excitable.

Es difícil encontrar, efectivamente, hombres delgados que sean calmados y pacientes, pero esto no significa que la naturaleza de la delgadez lleve consigo siempre connotaciones negativas. Por el contrario, puede descubrirse que las personas delgadas muestran una alegría y un entusiasmo excesivos incluso en la personalidad más equilibrada. Estas actitudes, por otra parte, no son más que una mistificación, una máscara que el delgado utiliza para vencer su propia soledad interior.

La persona delgada, de naturaleza muy sensible, vive en el sufrimiento y siente una necesidad desmedida de afecto, de simpatía y de calor que le lleva a camuflarse continuamente en busca de la gratificación.

Habitualmente, después de la fase de «hipercomunicación», este tipo de persona acaba por convertirse en un egoísta huraño y tirano que no acepta ni contradicciones ni contrariedades. De este modo se explican las reacciones violentas y bruscas, y el gran gasto de energía nerviosa, que provoca con facilidad un estado de fatiga que, sin embargo, no influye en su capacidad de trabajo. Por lo general, el delgado es una persona introvertida, con una especial predisposición a la reflexión que le lleva constantemente a la búsqueda de nuevas metas tanto profesionales como afectivas. Al ser impulsivo, sus relaciones con los demás se caracterizan por una extrema susceptibilidad. Por ello es indispensable tratarlo con tacto y amabilidad, teniendo siempre en cuenta su inquietud y desasosiego interior, consecuencia de una profunda falta de equilibrio.

Cuando una persona delgada tiene motivos para sentirse ofendida, acaba recreándose en su propio dolor y evitando, en un exceso de amor propio, dar el primer paso hacia la reconciliación, aunque sea esto lo que más desee.

Los personas delgadas pueden dividirse en dos categorías: apáticas y nerviosas.

El delgado apático

Las características principales del rostro son:

— palidez;
— labios delgados, con las comisuras vueltas hacia abajo;
— nariz afilada y estrecha;
— mentón afilado.

Su expresión es melancólica, con la mirada triste y de aspecto lánguido. Es de naturaleza pesimista, desconfiada, con propensión a la duda, las obsesiones y el sentimiento de culpa.

A pesar de que este perfil depresivo sea tanto físico como psíquico, es capaz de tener imprevistas reacciones vivaces y alegres, aunque siempre marcadas por un excesivo nerviosismo. Sus decisiones son caprichosas e impulsivas, dictadas en cierto sentido por la desesperación.

Tiene mentalidad de renuncia, a pesar de que está preparado para defender a capa y espada algunas de sus opiniones. Anhela que se valore su persona y busca protección y simpatía, aunque es defensor de su iniciativa. Si bien cultiva la soledad, en las relaciones sentimentales suele ser un compañero fiel.

El delgado nervioso

Las características principales son:

— tez amarillenta;
— labios móviles, a menudo con tics nerviosos y profundamente marcados en las comisuras;
— nariz estrecha y pequeña;
— mejillas hundidas y surcadas por arrugas de expresión que las atraviesan transversalmente;
— mentón afilado.

Su expresión se caracteriza por una mirada luminosa y vivaz. Es de naturaleza impulsiva y tiene frecuentes excesos de agitación seguidos de períodos de profunda depresión. Inestable y voluble, incluso en las situaciones afectivas, resulta de una desmedida exuberancia al manifestar sus propios sentimientos.

Rechaza el ambiente que le rodea tratando continuamente de sobresalir y de convertirse en el centro de atención. Esto le lleva a iniciar numerosas empresas que por lo general acaban fracasando. Quizás a causa de su ambición, y debido a que está profundamente trastornado por un constante conflicto interior, busca incesantemente cualquier cosa que reconforte su latente inseguridad.

Debido a la brillante y aguda inteligencia y a la prolífica imaginación de las que está dotado, el delgado nervioso está especialmente preparado para las disciplinas artísticas.

La persona obesa

Está científicamente demostrado que en la base de la gordura se encuentran causas psicológicas concretas. El origen de un desmedido apetito reside, en efecto, en conflictos psicológicos que no han encontrado una solución o, en otros casos, en traumas emotivos.

Comer excesivamente evidencia en general una carencia afectiva y su satisfacción actúa del mismo modo que un sedante o un tranquilizante: la persona ve en la buena cocina o en el alcohol una fuente de satisfacción para las carencias del propio yo. En pocas palabras, la persona gorda delega a la esfera oral la satisfacción de cualquier deseo: come para consolarse, para olvidarse, para calmarse, para encontrar una identidad latente y para valorar cada uno de sus pensamientos.

A pesar de los estudios realizados en los últimos veinte años no ha sido posible encontrar una influencia directa del peso en la tipología intelectual del hombre. En efecto, el coeficiente intelectual y las peculiaridades de carácter no parecen apartarse de la normalidad. Lo que puede resultar de utilidad para el lector es conocer el comportamiento del gordo en la esfera afectiva, es decir, su temperamento, el humor y el estado de ánimo con todas las manifestaciones relativas que influyen directamente en las relaciones interpersonales.

Escribe Beaumont que la persona gorda es proclive a la depresión y a la melancolía, estados que pueden llevarla a la hipocondría y la rebelión. Estos comportamientos pueden explicarse por el sufrimiento derivado del sentimiento de inferioridad en los juegos infantiles y del desprecio al que se encuentra siempre expuesta. En el adolescente este complejo de inferioridad suele estar causado por la dificultad de instaurar relaciones con personas del otro sexo, es decir, por una especie de rechazo en la vida social.

Siempre según Beaumont, el adulto gordo, aun sintiéndose diferente de los demás, se muestra como un ser satisfecho, con una visión optimista de la vida y del mundo. Lo que para el joven es motivo de tormento y de humillación, en la persona madura se transforma en pretexto para eximirse de cualquier compromiso o responsabilidad, encontrándose de este modo en una especie de limbo donde predominan la complacencia y el goce.

La persona gorda, cuya emotividad es muy superficial, es habitualmente expansiva y locuaz, tolerante y bondadosa, con tendencia a la alegría y a la hilaridad, a la ternura y a la conmoción. Se caracteriza, además, por un infantilismo latente que le hace temer de manera exagerada el dolor físico.

Entre los gordos son raros los individuos impulsivos o coléricos, pero incluso en estos casos la persona no parece traicionar su propio temperamento. En efecto, intenta evitar o mitigar los enfrentamientos en cuanto se da cuenta del peligro que representan para su propia tranquilidad.

Las personas gordas pueden ser agrupadas en tres categorías que constituyen subdivisiones: pletóricas, nerviosas y pálidas.

El obeso pletórico

Las características más revelantes de estas personas son:

— color rubicundo;
— labios carnosos, con propensión a la risa;
— nariz ancha a la altura de las fosas nasales;
— párpados inferiores elevados claramente; es la expresión llamada *risa de los ojos*
— cejas arqueadas que se dibujan muy altas.

La expresión del rostro denota buen humor, euforia y optimismo, que se derivan de tener un exacto conocimiento de cuáles son sus propias posibilidades.

Es de naturaleza sociable y generosa. Las relaciones con los demás están dominadas por una especie de condescendencia de la que, no obstante, debe desconfiarse. De hecho, se trata de una simple norma de conducta, adoptada para prevenir posibles conflictos, que, sin embargo, enmascara un egoísmo y una pereza que llegan a ser proverbiales.

Las relaciones con este tipo de personas deben estar impregnadas de una constante actitud de ayuda; por ello no debe contrariársele y sobre todo no deben introducirse en la conversación elementos que resulten irónicos acerca de su complexión.

El obeso nervioso

Las características más revelantes de este tipo de persona son:

— estatura inferior a la media;
— musculatura atlética;
— cabellera espesa;
— labio inferior más carnoso que el superior;
— mirada severa;
— presencia de arrugas en las zonas exteriores de los ojos y en la juntura con las cejas, que al contraerse sistemáticamente manifiestan una tensión constante

Su naturaleza se caracteriza por el optimismo y el buen humor mezclados con la agresividad, impulsividad e irascibilidad. El gordo nervioso, con su gran ansia de vivir, se revela como un luchador indomable, lo cual suscita la admiración de los demás. Sus deseos son principalmente muy concretos en cuanto prefiere las sensaciones a las abstracciones. Su vanidad, a menudo enmascarada de cordialidad, lo empuja a la búsqueda constante del poder y del prestigio, de la riqueza y del éxito. De este modo se explica su capacidad de manejar positivamente cualquier situación, en especial en el campo profesional, donde suele alcanzar cargos de relevancia.

Esta persona se encuentra implicada en difíciles vicisitudes donde su impetuoso carácter encuentra la manera de juzgar a los demás. En efecto, el gordo nervioso se caracteriza por un profundo, pero sote-rrado egoísmo, cuyos efectos sin embargo quedan mitigados por una generosa lealtad.

El obeso pálido

Las características más destacadas de este tipo de persona son:

— rostro flácido;
— tez pálida;
— cabellos rojizos;
— mandíbula ancha;
— pliegues bastante numerosos bajo el mentón;
— ojos normalmente azules con mirada vacía.

Su carácter es calmado, indolente, pasivo y temeroso: difícilmente tiene reacciones impulsivas. Incluso en las situaciones más embarazosas logra conservar su sangre fría, lo que le permite tomar decisiones que casi siempre son apropiadas. El obeso pálido sabe dominar sus propias emociones y sus propios sentimientos: esta es la particularidad de su temperamento conciliador e incapaz de imponerse a los demás.

De hecho, bajo este tipo de persona se esconde un ser apático que vive de manera dejada. Y esto justifica su incapacidad de formular improvisadas ideas y de proponer soluciones brillantes. Es especialmente versado en aquellas actividades que requieren una minuciosa observación y una aplicación metódica. Sentimentalmente revela excesivamente su propia pasividad.

Estos breves parámetros básicos acerca de la complexión serán de utilidad al tratar cada uno de los elementos somáticos, puesto que permitirán enfocar mejor a cada interlocutor.

De cualquier modo, es indispensable desde ahora mismo encuadrar a la persona que se quiere analizar en una de estas categorías o, al menos, intuir su temperamento utilizando la ya citada fórmula de Gibass.

Temperamento y color

Prosiguiendo con este tratado de fisiognomía, antes de llegar al rostro, es decir, al objetivo principal del análisis, es obligado detenerse en un elemento que, después de la complexión, es uno de los que más llama la atención cuando se observa a una persona: el color. Este, a diferencia de la piel común para todos los seres que pertenecen a la misma raza, es una característica individual que refleja el bienestar o el malestar —orgánico y psíquico— de una persona en aquel determinado momento.

En la actualidad se ha comprobado que las reacciones a los estímulos interiores y exteriores de un individuo están determinadas por el temperamento. De este modo, la ira puede provocar amoratamiento, el miedo un color pálido, y la vergüenza enrojecemiento. Estas imprevistas variaciones de color manifiestan el carácter emotivo de una persona y permiten profundizar posteriormente en su conocimiento.

Sin embargo, cada uno de los casos citados es transitorio y una vez pasada la causa, también se desvanece el efecto. Por esta razón las indagaciones deberán fundamentarse, para extraer el mayor provecho, en el color de la piel.

El estudio prolongado de este factor ha permitido poner de relieve su estrecha relación con el temperamento.

Desde la Antigüedad los hombres han sido clasificados en cuatro grandes tipologías. Las descripciones que se explicarán son las elaboradas por la Escuela Salernitana en el siglo XII y que todavía en la actualidad pueden considerarse válidas. Para que la lectura sea más sencilla se ha optado por reproducir algunos fragmentos acompañados de unos breves comentarios.

El temperamento sanguíneo

Este es el retrato que hace la Escuela Salernitana de estos individuos: «Los sanguíneos son por naturaleza rubicundos y joviales, siempre deseosos de divertidas conversaciones: se deleitan con el vino y los amores, la alegría y los festines que los hacen hilarantes y amablemente locuaces. Se inclinan por cualquier clase de oficio y en todos ellos logran óptimos resultados; no se dejan vencer fácilmente por la ira por cualquier motivo. Quien tiene un temperamento sanguíneo es generoso, afectuoso, alegre, reidor, de color rojizo, rollizo, cantarín, independiente y tolerante».

Habitualmente la persona con este temperamento es robusta y está dotada de una sólida musculatura. De naturaleza superficial, tiene un carácter activo e independiente y está generalmente dotada de un gran sentido práctico.

Este individuo es sensual y vanidoso y su pensamiento es muy tolerante.

El temperamento bilioso (o colérico)

Este es el perfil que esboza la Escuela Salernitana: «Los biliosos tienen un carácter impetuoso, a veces furibundo, y siempre desean destacar sobre los demás. Aprenden con facilidad, comen mucho y crecen con rapidez. Son generosos, liberales, ambiciosos, huraños, mentirosos, siempre propensos a la ira y a la audacia, generosos, astutos, de formas esbeltas y enjutos y de color amarillento». Contrariamente al temperamento sanguíneo, este se encuentra en personas delgadas y de comportamiento estricto. Se trata de personas enérgicas, activas y amantes de la vida.

Su carácter es consecuencia de una mezcla de orgullo, altanería, ambición e intransigencia que llevan a esta persona a tener una confianza desmesurada en sus propias fuerzas. Monta en cólera a la mínima provocación, pero los coléricos se muestran más conciliadores ante quienes se les enfrentan.

El temperamento flemático (o linfático)

Este es la descripción que hace de ellos la Escuela Salernitana: «Quienes tienen un temperamento flemático se caracterizan por po-

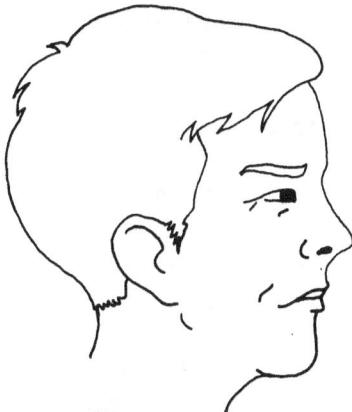

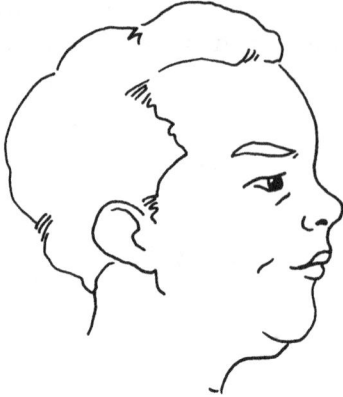

seer miembros cortos y robustos, pocas fuerzas, escasez de sangre y tendencia a la gordura. Se mueven más por el ocio que por el trabajo; se quedan de buena gana en la cama. Son tardones, holgazanes y propensos a escupir. Sus sentidos están poco despiertos. Tienen la cara rolliza y el color apagado».

Si los dos temperamentos anteriores deben considerarse positivos, el flemático tiene características negativas: más bien obeso y carente de energía (incluso psíquica), esta persona está movida por la pereza. Tiene un carácter frío e imperturbable que evidencia una tendencia a la apatía. En todos sus comportamientos aflora la pasividad.

El temperamento melancólico (o hipocondríaco)

Así los describe la Escuela Salernitana: «Sólo nos queda mostrar el triste cuadro de la despreciable hipocondría, que nos hace malos, sombríos y taciturnos. Los hipocondríacos se preocupan en exceso y son poco dados al reposo. Son tenaces en sus propósitos pero siempre extremadamente temerosos. Son envidiosos, de mal humor, llenos de deseos, avaros, fraudulentos, tímidos y de color amarillento».

En este caso, la descripción que hacen los estudiosos de la Escuela Salernitana no es del todo exhaustiva. La antigua medicina, de hecho, reagrupa bajo el término melancolía también la hipocondría que es sinónimo de una neurosis. La descripción del hombre melancólico es mucho más vasta que la del hipocondríaco, es decir, de una persona que se preocupa de manera excesiva por su propia salud. El melancólico tiende a adoptar una posición encorvada con los hombros caídos hacia delante y se caracteriza por una gestualidad indecisa y precaria. A este individuo le gusta recrearse en su propia tristeza, contemplando de la vida sólo lo negativo. Su comportamiento, basado en las vacilaciones y las dudas, a pesar de la vívida inteligencia que transmite su mirada, debe considerarse negativo incluso si la fascinación que de ella se deriva ejerce una gran influencia sobre los demás.

Algunas anotaciones sobre la piel

Ya se ha comprobado de qué forma el color determina la correspondencia de una persona con un carácter específico, y esto a partir de la directa influencia que sobre el temperamento ejerce la sangre, la bilis, la linfa o los nervios, es decir, factores exclusivamente físicos. Sin embargo, si la fisiognomía se limitase a la observación de la complexión, el color y los demás elementos físicos sin interpretarlos, se trataría de una disciplina mistificadora, una especie de juego donde todo estaría confiado al azar y nada al estudio y a la aplicación. Como ya se sabe, en la fisiognomía cualquier detalle tiene un valor real cuando está relacionado con los demás, especialmente cuando tiene un valor singular que permite contribuir a la identificación de un comportamiento de base. En definitiva, los datos que se extraen de cada uno de los elementos representan las piezas que irán dibujando la imagen de un mosaico o, si se quiere, las letras que formarán la palabra clave del código humano.

Antes de adentrarnos en un análisis más detallado del rostro, es oportuno detenerse brevemente en la piel, la cual, mediante el análisis de su pigmentación, puede proporcionar ulteriores detalles acerca del carácter de una persona.

La relación que se ofrece a continuación, referida al tipo europeo, indica las más significativas correspondencias de carácter.

- *Piel roja:* sensibilidad, susceptibilidad, dependencia e introversión.

- *Piel con tendencia al rojo:* sensualidad, generosidad, irritabilidad, pasión, soberbia, orgullo e incoherencia.

- *Piel blanca:* indecisión, pereza, inseguridad, incoherencia, apatía e indolencia.

- *Piel clara:* pasión, afectuosidad, equilibrio, romanticismo e impulsividad.

- *Piel amarillenta:* irritabilidad, pesimismo, envidia, egoísmo, desconfianza, obstinación y autoridad.

- *Piel oscura:* alegría, astucia, audacia, pasión, exaltación, vivacidad e intolerancia.

Hasta ahora se ha ofrecido una idea general de lo que la fisiognomía puede aportar a quien la cultive. Son necesarios todavía muchos elementos para poder formular un retrato característico fiable.

En el siguiente capítulo se proporcionarán los rudimentos, es decir, la metodología, para poder leer el rostro extrayendo aquellas piezas que más adelante se convertirán en el auténtico mosaico característico de una persona.

Cómo se lee un rostro

- **Aprender el lenguaje del rostro no es tan sencillo. Algunas sugerencias.**
- **Existen elementos que pueden inducir a error:**

— **la belleza;**
— **la fealdad;**
— **la enfermedad;**
— **la influencia de las modas.**

El lenguaje del rostro, como si de un idioma se tratase, está sujeto a un aprendizaje gradual. Efectivamente, no basta con hojear este libro y mirar el rostro de una persona para poder formular un juicio acerca de su carácter. Para llegar a ello es necesario un estudio metódico de los principios que aquí se exponen y su total asimilación, de manera que los rasgos se transformen automáticamente en símbolos del carácter.

Afortunadamente, vivir buena parte de la jornada en contacto con los demás facilitará este aprendizaje, dado que permitirá probar poco a poco el nivel de aprendizaje alcanzado.

Debe aprovecharse cualquier circunstancia para enriquecer los conocimientos: en el autobús, en un bar, en la oficina, pueden aplicarse día a día las correspondencias entre el apecto físico y los estados psíquicos, tal y como se enseña en este libro. Es conveniente empezar con personas que ya conozcamos desde hace tiempo, comparando la idea que tenemos de ellas con los resultados que se extraigan de las investigaciones fisiognómicas.

En primer lugar, para empezar a dar los primeros pasos en el mundo de la caracterología sin provocar incomodidad en la persona observada, que podría sentirse molesta y alterar su propia expresión, camuflando sus rasgos y en consecuencia perjudicando nuestro análisis, es aconsejable partir de un análisis del propio rostro. Para hacer esto es suficiente mirarse en el espejo con la intención de interpretar en el propio rostro las correspondencias características de cada una de sus partes y comprobar su exactitud, dejando de lado todo amor propio. Si se tiene el valor de excluir cualquier identificación emotiva (es decir, de analizar como si se estuviera observando a un extraño), se descubrirá que el propio rostro es bastante diferente de como uno se lo imagina al mirarlo mientras se peina o se afeita. En pocas palabras, nos veremos distintos, con una diferencia que se corresponde con la realidad.

Si cada uno se aplica en el estudio de su rostro, los resultados, o si se prefiere las sorpresas, serán seguramente de utilidad a la hora de descubrir y enriquecer la «verdadera» personalidad.

Para evitar el riesgo de la observación directa, otro método consiste en utilizar el retrato fotográfico de una persona cuyos detalles caracteriológicos se conozcan: la observación tranquila y prolongada de la fotografía permitirá descubrir mejor el significado de cada característica personal permitiéndonos formular, a pesar de la distancia y el tiempo, una valoración.

Después de estos ejercicios, cuya finalidad es asimilar los valores característicos de cada elemento físico, es aconsejable efectuar el primer análisis en vivo con una persona que presente algún rasgo significativo: la nariz, la boca o la forma del rostro son los elementos más asequibles para los principiantes. No debe olvidarse que no es imprescindible recoger un gran número de detalles para intuir, en líneas generales, el temperamento de una persona. Más bien al contrario, es conveniente dejar de lado los detalles mal definidos y de equívoca interpretación y concentrar la atención en los elementos que prueban un carácter. Mediante el estudio minucioso de estos se obtendrá un retrato caracteriológico más exacto del que se deduciría de una infinidad de detalles mal enfocados. De cualquier modo, para llegar a un profundo dominio de la fisiognomía es necesario un período de ejercitación y aprendizaje, cuya duración variará según el empeño que se ponga. Del ejercicio continuo surgirá la capacidad de averiguar a la vez las marcas del rostro y sus relativos significados psicológicos.

Sin embargo, existen elementos que pueden inducir a error a la persona que se introduce en el estudio de la fisiognomía. Entre las causas más frecuentes deben recordarse la belleza, la fealdad, la enfermedad, las causas accidentales y la influencia de la moda.

La belleza

Quizá sea la causa de error más frecuente en tanto que reduce sensiblemente el sentido crítico del observador.

Un bello rostro es casi siempre índice de calidad moral positiva, sin embargo también puede constituir un «disfraz» de la realidad que puede llegar a influir en el análisis caracteriológico. En efecto, no es casualidad que algunas personas crean que sólo con sus atractivos físicos pueden suplir cualquier tipo de carencia emocional o intelectual.

Habitualmente, la belleza lleva al ser humano a comportarse de manera un tanto holgazana, insolente, vanidosa, superficial y caprichosa. Por ello, frente a un rostro bello es necesario saber superar la primera impresión para poder formular un juicio fiable y evitar que la fascinación producida influya de manera positiva en el observador.

La fealdad

Si la fealdad puede presentarse externamente como un desequilibrio o incluso como una tara, no es casualidad que en la fisiognomía no sea más que un prejuicio que despista al observador.

Frente a un rostro feo debe tenerse siempre en consideración lo que el psicoanálisis ha definido como *la compensación psíquica*, es decir, la propensión de una persona a suplir la carencia estética con una superioridad en otros campos, en su relación con los demás. Este deseo de compensación se manifiesta con soberbia, egoísmo, orgullo y obstinación, peculiaridades que han de sumarse al significado de algunos rasgos que permitirán expresar un juicio exhaustivo.

La enfermedad

El rostro de una persona que sufre siempre debe ser valorado con prudencia. La impresión de austeridad, rigidez, o incluso maldad, que se deriva de este tipo de rostro, en realidad sólo expresa la peculiaridad psicológica del enfermo, es decir, su capacidad de concentración, de introspección y de meditación; en definitiva las características que evidencian una exquisitez, acaso momentánea, de la sensibilidad y de la inteligencia de la persona.

Las causas accidentales

Las causas de errores accidentales se deben a signos o expresiones cuyo origen es sencillamente de orden físico o fortuito. Entre las más recurrentes deben señalarse: el hambre, la sed, el frío, el calor, la exposición al sol, las condiciones de trabajo y todos los factores que hoy día influyen negativamente tanto en el estado físico como en el psíquico. Estos agentes, que no siempre tienen una influencia directa sobre el carácter, pueden provocar arrugas, contracciones, relajaciones musculares y expresiones que el observador deberá saber discernir de los elementos fisonómicos particulares.

Las influencias de las modas

El último factor que puede despistar a quienes se introducen en el estudio de la fisiognomía lo constituye la influencia de las modas. El maquillaje, el color y el corte del pelo, la forma de la barba y del bigote pueden ser considerados del mismo modo que accesorios como pañuelos o sombreros, corbatas y collares: todas estas presencias anómalas, cuya elección puede adscribirse al comportamiento, no deben alterar la valoración de los auténticos signos fisonómicos.

Debe añadirse que al seguir una moda, aunque sea de manera meticulosa, una persona se autocalifica automáticamente como conformista, su única preocupación es la de no alejarse nunca de las reglas de conducta dictadas por la sociedad. En efecto, esta persona es incapaz de ir más allá de las opiniones del periódico que lee y juzga a los demás exclusivamente a través de tópicos. Este tipo de persona se encuentra con frecuencia y del estudio de su fisonomía no podrá esperarse gratificación alguna.

La fisiognomía no se limita a observar los rasgos del rostro y formular las correlaciones para llegar al perfil caracteriológico: en efecto, desde la Antigüedad el análisis del rostro estuvo acompañado por el de los gestos, la mirada, la sonrisa, la risa y la voz, temas que se tratarán en el «apéndice» de este libro.

El rostro

- **Idealmente, el rostro puede dividirse en tres partes a las que se hace corresponder las facultades intelectivas (frente), la emotividad y el sentimiento (ojos y nariz) y, por último, los instintos animales (mentón).**
- **Desde el punto de vista estrictamente geométrico, en cambio, los rostros se reagrupan en seis tipos fundamentales:**

— **triangular con base superior;**
— **triangular con base inferior;**
— **cuadrado;**
— **rectangular;**
— **redondo;**
— **ovalado.**

Hasta hoy, distinguir un rostro entre la multitud ha sido signo de alguna particularidad (por ejemplo, orejas de soplillo o nariz desproporcionada), porque la atención se veía atraída por un elemento que se salía de la norma, que era excepcional.

Al acercarnos a la fisiognomía se comprende que la propia observación (y aquí reside la verdadera dificultad) debe dirigirse a cualquier persona, a personas absolutamente normales y en las que no se destaca ningún rasgo peculiar las que desde el primer momento deberá deducirse su carácter.

La fisiognomía divide los rostros, basándose en referencias geométricas, en seis tipos fundamentales:

— triangular con base superior;
— triangular con base inferior;
— cuadrado;
— rectangular;
— redondo;
— ovalalado.

Antes de adentrarse en el estudio de cada uno de los tipos de rostro es oportuno detenerse en la propia división del mismo. Idealmente, cada rostro puede dividirse en tres partes.

- A la parte superior, o *zona de la frente,* que va desde el comienzo del pelo hasta el inicio de la nariz, corresponden *las facultades intelectuales.*

- A la parte central, o *zona de la nariz,* que va desde el inicio de la nariz hasta su base, corresponden *las facultades emotivas.*

- A la parte inferior, o *zona del mentón,* que va desde la base de la nariz hasta la punta del mentón, corresponden *los instintos.*

De cada zona puede considerarse separadamente el desarrollo vertical y el horizontal. El desarrollo vertical o altura indicará una persona calurosa con propensión a la sutileza y la variedad en las manifestaciones intelectuales, emotivas o instintivas (correspondientes respectivamente al área que se examina). El desarrollo horizontal, es decir la anchura, se relacionará con la fuerza.

La zona central del rostro desempeña una función muy importante en fisiognomía, ya que la sensibilidad y las emociones caracterizan el comportamiento. Como ejemplo puede citarse el hecho de que cada uno se siente atraído por una determinada disciplina en la medida en que la «siente» como propia. Sin embargo, un exceso de sensibilidad podría llevarnos a la pasividad, por lo que es lógico que el desarrollo de esta zona deba compensarse de algún modo por una de las demás áreas.

Al valorar fisiognómicamente el rostro de un individuo debe observarse atentamente, como ya se ha visto, la forma del rostro y las proporciones entre las partes. Si una de estas prevalece sobre las otras, las facultades relacionadas con este área estarán especialmente desarrolladas, de forma que se originará una especie de desequilibrio interior. Por ejemplo, si la zona inferior es la que está menos desarrollada se trata de un individuo en el que prevalecen los elementos instintivos, mientras que si es la superior la que está más desarrollada la persona poseerá unas facultades mentales reconsiderables.

En conclusión, un escaso desarrollo de la parte central del rostro puede considerarse como un indicativo de la personalidad: muestra a un individuo abúlico, apático y holgazán; mientras que su excesivo desarrollo puede ser indicativo de hipersensibilidad.

Cuando la parte central mantiene una proporción respecto a las otras dos, en estas últimas se debilitan los defectos y se exaltan las cualidades positivas: característica muy importante en cuanto permite controlar tanto las fuerzas instintivas como las facultades intelectuales.

Además, debe recordarse que, en líneas generales, un rostro anguloso es indicador de cualidades como la energía, el raciocinio y la constancia, mientras que un rostro dominado por las líneas curvas evidencia imaginación, sensibilidad y dulzura.

El rostro triangular con base superior

Se define de este modo el rostro cuyos contornos se inscriben dentro de un triángulo que tiene como vértice el mentón. La zona frontal predomina sobre la zona de la mandíbula y los rasgos son generalmente angulosos, lo que indica que las funciones cerebrales prevalecen sobre las instintivas. Cuanto más afilado sea el mentón, mayor será el desequilibrio entre la capacidades intelectuales y los instintos. Por ello se instaurará una emotividad exasperada y un humor caprichoso e inestable.

Teniendo en cuenta la consideración que asigna a los ángulos la identificación de las energías y del razonamiento, podrá definirse este rostro como el perteneciente a una persona nerviosa e impaciente, a menudo dominada por ataques de ira. Si el rostro tiene forma de triángulo isósceles muy alargado, la fisiognomía asigna a esta persona una tendencia al rechazo de las posesiones materiales. En efecto, el espíritu no acepta los placeres de los bienes materiales y continua e inútilmente trata de rebelarse. De aquí derivan las contradicciones y los conflictos en los que se debate permanentemente esta persona. La amplitud de la zona frontal puede hacer creer que se trata de una persona inteligente y racional. Pues bien, sólo puede tenerse en consideracción la primera parte de esta afirmación.

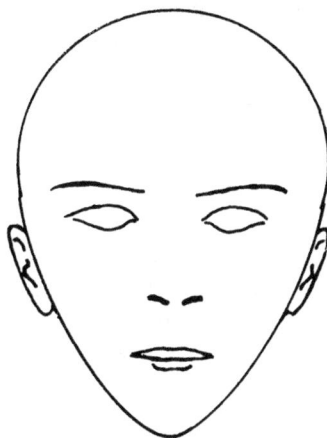

El espíritu sutil e intuitivo lleva a este individuo a asimilar con facilidad cualquier noción, sin embargo la inteligencia, más intuitiva que creativa, se utiliza de manera dispersa, al estar falseada por la inestabilidad emocional. La persona, a pesar de su capacidad de juicio y de su despierta curiosidad, tiende más a pensar que a actuar y una excesiva imaginación le lleva a dar por conseguido lo que todavía debe realizar. En definitiva, se trata de una persona que vive de forma consciente, teniendo en cuenta su intuición, en una constante confusión entre lo imaginario y lo real.

Fundamentalmente, este tipo fisiognómico es pesimista, con una tendencia a buscar continuamente en su interior justificaciones a su propio comportamiento. En este tipo se manifiesta la alternancia de periodos de actividad frenética a los que siguen fases de abulia. Falto de perseverancia, las iniciativas de esta persona están dirigidas al fracaso: con el paso de los años la desconfianza y la renuncia acaban por determinar su manera de actuar.

En las relaciones personales esta persona sabe ser muy cordial, pero es mejor desconfiar, ya que al primer problema se revelará su verdadera naturaleza: a la irritabilidad le seguirán la cicatería, la ofensa y la crueldad.

En las relaciones sentimentales su comportamiento, por el contrario, es dulce y cortés, aunque impregnado de una extrema volubilidad que le hace incapaz de un sentimiento profundo y duradero.

El rostro triangular con base inferior

Conocido como *rostro en forma de pera* o de cono, se caracteriza por tener una ancha y fuerte mandíbula y ser la antítesis del anterior. En esta persona las cualidades instintivas prevalecen sobre las intelectuales. La zona frontal parece más pequeña de lo que es en realidad, porque el inicio del pelo se extiende hacia las orejas, y esto modifica la imagen de todo el rostro, proporcionando una percepción falsa. El individuo al que pertenece este rostro suele ser un «gordo pálido», cuyas características psicológicas se describen en el apartado dedicado a los gordos en el capítulo acerca de la complexión. Su rostro refleja un materialismo muy profundo, un apego desproporcionado a la realidad y a lo concreto. En este rostro, la parte inferior, relacionada con el instinto, prevalece claramente sobre las otras dos partes, motivo por el que puede deducirse que las capacidades intelectuales deben considerarse poco desarrolladas, aunque la persona, muy vanidosa, desea demostrar una erudición que, por otra parte, no se basa más que en nociones básicas.

Esta persona es muy hábil en aprovechar la diplomacia de la que está dotado tanto para enmascarar con una aparente bondad una proverbial socarronería que oculta una vileza de fondo, como para suplir algunas dificultades de tipo emocional que pueden dificultar el éxito de lo que se propone. La falta de imaginación y el bajo nivel intelectual acaban por crearle dificultades ante lo que no conoce o no sabe interpretar.

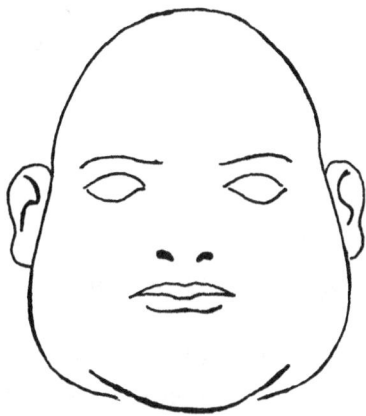

Vanidoso, este individuo peca a menudo de exhibicionismo, de arribismo y de una codicia que le llevan a vivir exclusivamente en virtud de su propio yo. Sin embargo, bajo su aparente seguridad se oculta un ser abúlico, indeciso y débil, que escoge vivir aquellas situaciones que no le exigen asumir las responsabilidadeas de las propias elecciones.

En las relaciones afectivas, que logra instaurar empleando su propio carácter jovial y cordial, utiliza la misma estrategia que aplica en los negocios: cálculo, astucia y sentido común. Como buen conservador que es, es reacio a cualquier novedad: por ello, una relación con esta persona tendrá como primer efecto la rutina y no, desde luego, pasión y emoción.

El rostro cuadrado

En este rostro las superficies de las zonas frontal y de la mandíbula son equivalentes, de tal modo que son casi idénticas las dimensiones horizontal y vertical. En conjunto este rostro da la impresión de solidez y compactibilidad, lo cual hace intuir una energía y una obstinación especialmente desarrolladas. En efecto, se trata de un individuo con un temperamento positivo, dotado de un ostensible equilibrio entre facultades morales e intelectuales y los instintos. De la íntima convicción de esta fuerza derivan la firmeza y decisión que le caracteriza. Este tipo fisiognómico no reconoce ningún valor a las ideas de los demás a causa de la enorme confianza que tiene en sus propias capacidades, lo cual le lleva a rechazar cualquier opinión o consejo que no sea fruto de su propia elaboración mental. De este modo de actuar, en cierta medida, se resienten tanto la evolución personal como la firmeza de carácter, que se acaba transformando en soberbia y dureza.

Al no admitir otro pensamiento que no sea el suyo, esta persona acaba por tener una marcada tendencia a la introversión y una especie de masoquismo que se alterna en su conducta con la autoexaltación: de aquí deriva su presunción. Su severidad se asocia a menudo con la intransigencia: estos dos elementos le llevan a un comportamiento dictatorial y brutal al no estar basadas sus aspiraciones en una brillante inteligencia. Este tipo fisiognómico rehuye el idealismo y las abstracciones mentales para dirigir todas sus energías hacia lo que es práctico y tangible.

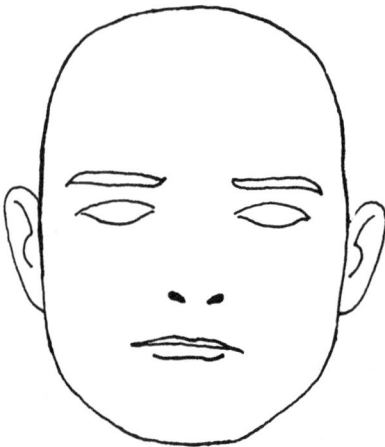

Su espíritu metódico le permite ser excelente en todas aquellas actividades que necesitan de meticulosidad y continuidad. Esta última es la característica de todas sus acciones o pensamientos: en esta persona todo queda reducido a términos de esencial y de constante.

Otras peculiaridades son: el egoísmo, la avaricia y la propensión a la soledad.

En las relaciones interpersonales encuentra una extrema dificultad que deriva de su intransigencia. Es muy difícil que sea una persona bien dispuesta a sufrir pasivamente los pensamientos de los demás sin replicar y sufrir accesos de ira cada vez que surge una contrariedad.

El rostro rectangular

Este rostro es una derivación del rostro cuadrado que, al alargarse, modifica decisivamente sus propios valores fisiognómicos en función de la ecuación: a más desarrollo vertical más cualidades. En este tipo de rostro puede encontrarse considerables cualidades intelectuales, emotivas y físicas. Al faltar la compactibilidad del rostro cuadrado, se mitigan algunas connotaciones negativas en beneficio de las dotes intelectuales.

Aunque sigue siendo índice de firmeza y fuerza, la vitalidad que emana de este rostro resulta más controlada: la persona reflexiona durante largo tiempo antes de actuar. Su despierta inteligencia es la causa de que acepte a los demás y se comprometa con ellos, sin ninguna condición, por lo que se trata de una persona sin rastro de exaltación o de presunción, y esto explica la postura de modestia bajo la que disimula el egoísmo y la sensualidad.

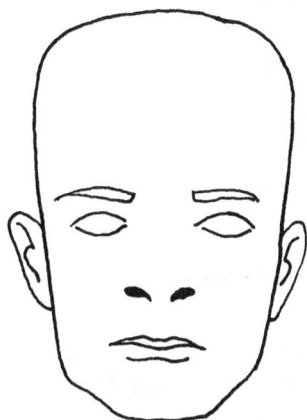

Se trata de un individuo activo que no se contenta con descubrir los problemas, sino que trata de analizar sus motivaciones para después afrontarlos con claridad y objetividad. Las dificultades estimulan en él una especie de perfeccionismo de la parte racional que a menudo le incita a buscar soluciones astutas.

Otras peculiaridades de estas personas son la iniciativa, la audacia y la escrupulosidad.

Esta persona es fundamentalmente un positivista que, a pesar de ser un poco introvertido, valora la compañía que ha elegido en función de las exigencias del momento. Cierta volubilidad y una propensión a la intriga representan las características negativas, que a pesar de todo están siempre muy contenidas.

En las relaciones afectivas se comporta de forma controlada, aunque es capaz de grandes impulsos, que de todos modos en él son poco naturales y que suele considerar como inútiles zalamerías.

El rostro redondo

Este rostro se caracteriza por la total falta de ángulos que, como ya se ha visto, indican energía, raciocinio y constancia. Por ello, este caso es el del clásico rostro del romántico en lo que se refiere a las dotes que deberían prevalecer, dictadas por las curvas: sensibilidad, imaginación y dulzura. Pero en la fisiognomía pueden existir excepciones, por lo que para formular un juicio exhaustivo es indispensable conocer todos los elementos necesarios. En el caso del rostro redondo esto se hace arduo porque falta el significado que ofrecen los ángulos. El equilibrio que se obtiene resulta deficitario; acaban confundiéndose virtudes y defectos.

Ante todo, debe decirse que la persona con el rostro redondo es generalmente muy contradictoria, inconstante, imprudente y poco dotada de energía. Por otra parte, vista la gran versatilidad, emplea sus propias fuerzas de manera dispersa: de aquí surgen un gran espíritu de iniciativa y una enorme confianza en sí mismo que lo caracterizan tanto en la vida social como en la afectiva. Normalmente se comporta de manera impulsiva dejándose llevar por la ira a la mínima contrariedad. Su temperamento fogoso sumado a su irracionalidad no le permiten reconocer sus propios errores, que imputa a la mala suerte.

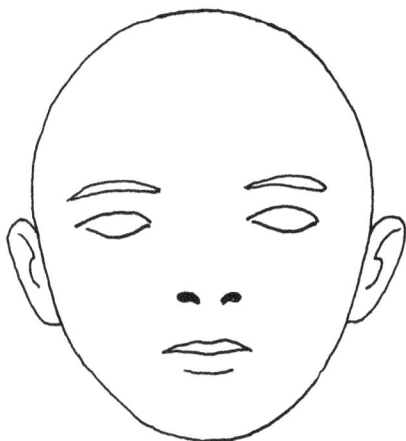

También en las relaciones personales se conduce con el mismo comportamiento brusco y falto de diplomacia: su sinceridad se vuelve despiadada, lo que determina la ruptura de numerosas relaciones. Todo ello a pesar de su jovialidad, de su generosidad y de la cordiali-

dad que podrían garantizarle una brillante vida social.

En las relaciones sentimentales el comportamiento de esta persona está marcado por la pasión: incapaz de frenar sus propios impulsos acaba por caer casi siempre víctima de una especie de fugaz enamoramiento por lo que sus relaciones se agotan rápidamente en la sublimación de lo vivido, prueba —tratándose de una persona sensual e inclinada al narcisismo— de las contradicciones que le caracterizan.

El rostro ovalado

Este rostro es una especie de mezcla entre el rectangular y el redondo. En su conjunto, este rostro presenta mayores cualidades positivas respecto a aquellos de los que deriva. En efecto, se trata de un individuo en el que prevalecen los rasgos positivos como la dulzura, la inteligencia y la imaginación, cualidad esta última que emplea de manera bastante desordenada. Tremendamente curioso, se interesa por muchas cosas a la vez, pero sin un objetivo preciso, de forma que abandona cualquier iniciativa, a pesar de sus capacidades intelectuales e imaginativas.

De hecho, su eclecticismo es exclusivamente un juego de imaginación que traduce su naturaleza romántica y soñadora, que muchos confunden con la debilidad de carácter. Es poco perseverante y su tacto y su diplomacia son tales que es posible hacerle cambiar de opinión sin problemas. Pero si esta persona puede ser tildada de inconsecuente, su aparente renuncia no es debida a la falta de energía, sino más bien a la soberbia, indicio de infantilismo y de timidez. Esta timidez sumada a la hipersensibilidad (el tipo de rostro ovalado es muy impresionable) le lleva a reacciones incontroladas por las que está obligado, debido a su altanería, a sufrir las consecuencias. Esto explica que con el paso del tiempo se convierta en bondadoso y acomodaticio, sin otra razón que la de limitar, con astucia, las consecuencias desagradables.

Toda su existencia se vive en términos mentales: en la reflexión acerca de lo absurdo de este mundo encuentra el elemento que le permite perseguir un fin que cuando lo alcanza no le satisface.

Aunque es muy inteligente, a menudo recurre a la intuición en momentos de necesidad: las situaciones encuentran su solución gracias a una imaginación desbordante: resuelve antes de comprender.

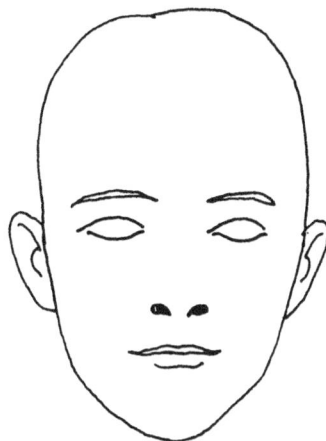

Otras peculiaridades son el escepticismo, la inquietud, la sensibilidad, la inestabilidad emotiva y la falta de sentido práctico.

En las relaciones interpersonales, así como en el amor, sacrifica los propios y raros impulsos al culto a la libertad: por ello las relaciones que comienza tienen una corta vida. Su innata volubilidad no podría permitirle otra cosa.

Estos son los seis tipos de rostros que contempla la fisiognomía. Naturalmente es posible que un rostro esté formado por un mosaico de varias piezas, por lo que al observador le parecerá que no lo identifica en ninguno de estos ejemplos. No debe asombrarse de esto pues las correspondencias caracteriológicas indispensables para formular un enunciado fisiognómico fiable emergen de los rasgos somáticos. En estas páginas se intentará proporcionar una especie de mapa topográfico del carácter de las personas que puede intuirse a partir de sus rostros.

La frente

• La frente: síntoma y medida de nuestras facultades intelectuales.

Desde siempre en fisiognomía, se ha considerado que la frente está relacionada directamente con las facultades intelectuales: es posible explicar esto, además de con la varias veces citada fórmula de Gibass (el desarrollo vertical es a la cualidad como el desarrollo horizontal es a la cantidad), con la enraizada y verdadera creencia que asigna a las personas con frente ancha y espaciosa un papel intelectual de gran importancia, mientras que, por el contrario, los individuos con frente estrecha y corta se adaptan mal al ejercicio intelectual.

La identificación de un tipo determinado de frente perteneciente a un posible interlocutor, al no poder efectuarse a partir de una medición milimétrica (más allá de las propuestas de la hoy en día desprestigiada frenología, es casi imposible pensar en tomar medi-

das de la frente de la persona observada), se confía sobre todo en la propia capacidad de observación que, casi instintivamente, deberá comparar el tipo de frente observada con las diferentes categorías que se ilustrarán a continuación, tratando de asociar la imagen del interlocutor con las características psicológicas que se proporcionan en este libro. Esto permitirá valorar, con una considerable aproximación, el carácter de la persona.

Recordando que las partes en las que se divide el rostro deben tener aproximadamente la misma altura, es posible llegar a la conclusión de que en una persona con un desarrollo acentuado del área frontal están presentes unas capacidades intelectuales superiores a la media. En efecto, la frente se relaciona con la actividad intelectual y emocional y los comportamientos que se derivan de ella, desde el autocontrol a la apatía. Por ejemplo, una frente con un ancho normal pero más larga respecto a las proporciones generales (la medida ideal de la frente debería ser: desde el inicio del cuero cabelludo hasta las cejas de 6,5 cm y 12 cm entre cada uno de los huesos temporales) indica que se trata de un individuo que insiste en sus propias convicciones; mientras que en el caso de una frente ancha pero baja, esta defensa de las propias opiniones acaba llegando a una exacerbada soberbia.

Como ya se ha subrayado con anterioridad, sólo mediante la práctica constante es posible llegar a resultados satisfactorios en la aplicación de la fisiognomía. Sin embargo, en el caso de la frente debe tenerse en cuenta que nuestros ojos, acaso «hereditariamente», pueden llegar a valorar las proporciones (y la tipología) de una frente, y por lo tanto sortear posibles elementos que pueden despistarnos, identificándola con los siete tipos de frentes que se contemplan en fisiognomía.

La frente larga

Se define como larga la frente que tiene una distancia superior a los 12 cm, entre cada uno de los huesos temporales (más o menos 3 cm por encima del contorno de la ceja). Esta persona está dotada de una óptima capacidad nemotécnica que le permite asimilar de manera provechosa una gran cantidad de diferentes nociones, elaborando de este modo ideas personales, fruto de la síntesis de toda la información que recibe. Esta capacidad de escuchar y reelaborar propicia la aceptación de las ideas de los demás confrontándolas sólo con posterioridad con sus propias ideas. Esta persona se entusiasma con facilidad incluso si, en su comportamiento espontáneo, acaba a menudo presentándose como un poco dispersa.

Estas características positivas, si no se trabajan mediante la adquisición de conocimientos, pueden quedar latentes y exteriorizarse sólo en una pequeña medida. Por ello es aconsejable que estas personas continúen esmerándose, tanto en su actividad profesional como en sus relaciones personales.

Se trata de una persona a la que ha de tomarse en consideración ya que si se la estimula puede dar lo mejor de sí misma.

La frente corta

Se define como corta la frente que entre cada uno de los huesos temporales tiene una distancia inferior a los 12 cm. Este individuo está dotado de una inteligencia claramente analítica que tiende a la especialización y a la exclusividad, peculiaridades que a menudo conducen a la persona a una especie de monomanía. De este modo se explica la falta de método, de orden y de predisposición hacia la actividad manual que caracterizan a este tipo de persona. Habitualmente esta persona es cerrada mentalmente, en el sentido de que muy difícilmente llega a aceptar las ideas de los demás a causa de sus profundas convicciones.

Sus ideas, fuertes y enraizadas, están marcadas por una originalidad casi exasperante: de este modo se explica que estos individuos sean por lo general artistas, escritores o inventores. Desde el punto de vista de la conducta, esta persona puede demostrarse en un primer momento expansiva y extrovertida, pero en cuanto se intenta profundizar en la relación, rechaza de forma brusca cualquier iniciativa. En efecto, sus relaciones están exclusivamente fundadas en la comunidad de intereses y objetivos.

Se trata de una persona que, aun siendo apasionada, reserva con su egocentrismo desagradables sorpresas.

La frente ancha

Se define frente ancha a la que, medida desde el arco de las cejas hasta el inicio del cuero cabelludo, sobrepasa los 16 cm. Este individuo está dotado de una gran potencia creativa intelectual y de una actividad artística y filosófica relevante. En efecto, la persona con la frente ancha se inclina hacia la abstracción útil: tiene la facultad de transformar las emociones y las sensaciones en lúcidas ideas. Su comportamiento es lógico, incluso determinando sus reacciones emotivas. Esta persona no duda en acabar cualquier relación personal si esta influye, aunque sea mínimamente, en sus principios morales y en sus ideales. Por lo general, rebate con firmeza (e incluso con un ápice de maldad) cualquier observación (acaso sólo un comentario) que tenga que ver con sus propias convicciones y no duda en presentarse, con mucha astucia, como poseedor de la verdad. Esto hace de él un individuo al que hay que tratar con especial cuidado, obstinado y difícil de abordar. Sin embargo, este talante presuntuoso no se corresponde totalmente con la realidad. Los aspectos negativos enumerados anteriormente no son más que los velos que esconden un ánimo dulce y comprensivo, dispuesto, en la intimidad, a aceptar con sosiego las ideas y las exigencias de los demás a cambio de aquella dulzura que no sabe expresar, acaso más por temor que por un defecto real.

Se trata de una persona que, aun presentándose irascible y huraña, no debe desatenderse ya que, superadas las dificultades iniciales, es capaz de manifestar incluso en las pequeñas cosas la inmensa creatividad que lo caracteriza.

La frente estrecha

Se define frente estrecha aquella cuya medida desde el arco de la cejas hasta el inicio del pelo es inferior a 6 cm. El individuo con la frente estrecha, como ya se ha señalado con anterioridad, no se deja convencer por las exigencias materiales.

En efecto, sus acciones tienen siempre un fin muy concreto, preciso e inmediato que determinan un comportamiento eminentemente práctico. Es difícil que este individuo dé a las ideas el valor real que estas tienen en las relaciones personales: esto explica su total refractariedad hacia algunas situaciones donde sólo el pensamiento podría ayudarlo. A pesar de todo esto, la vida de esta persona se caracteriza por una gran iniciativa que, acompañada por una buena dosis de *savoir-faire*, le permite conservar con éxito las relaciones interpersonales, tanto sentimentales como profesionales. Obstinado y resuelto en sus decisiones, este individuo puede presentar a menudo comportamientos que denotan avaricia e irascibilidad. Sin embargo, su capacidad de adaptación hace de él una persona apreciada en sociedad.

Es una persona que no debe ser infravalorada, especialmente si se consigue poner al desnudo su verdadera naturaleza presionando su espíritu de iniciativa y su sentido práctico.

La frente rectangular

Se define como rectangular aquella frente cuya superficie está inscrita en un rectángulo que tiene 6 cm de alto y 12 cm de ancho. Se trata de una frente de perfectas proporciones que expresa una inteligencia brillante y armónicamente organizada.

Este individuo, cuya apariencia puede ser la de un ser inflexible, se caracteriza por tener una mentalidad juiciosa, reflexiva y, en cierta medida, también calculadora, que le permite enfrentarse de manera positiva a la realidad. No se atemoriza ante los problemas que se le presentan, y es un individuo que gracias a sus dotes es capaz de afrontarlos sin perder la calma y manteniendo ese contacto con la realidad que muchos le envidian.

Un hombre con la frente rectangular difícilmente se deja tentar por las abstracciones, por las perspectivas quiméricas o por las fantasías. Seguro de sí mismo, en las relaciones personales puede presentar un carácter duro, severo e intransigente con los demás que, sin embargo, no le cierra a las relaciones fundadas, basadas en la espontaneidad y en la sinceridad: dotes que valora fundamentalmente en los demás y que llegan a condicionar la elección de las propias amistades y, de manera secundaria, el ambiente de trabajo.

Se trata de una persona que debe tenerse en cuenta, puesto que con su capacidad analítica y sentido común es de gran ayuda a quien se dirige a ella con sinceridad.

La frente trapezoidal

La fisiognomía distingue dos tipos de frentes trapezoidales:

— el primer tipo tiene la base superior muy larga y con las sienes convexas;
— el segundo tipo se distingue (al contrario que el primero) por terner la base inferior muy larga, a la altura del arco de las cejas.

En otros términos, el segundo caso se trata de una frente formada por un trapecio isósceles, como el que más de una vez se ha visto en los libros de geometría, mientras que el primero es un trapecio al revés.

• La frente trapezoidal con la base más pequeña hacia abajo es característica de un individuo dotado de una gran imaginación y de talento artístico. A veces puede suceder que la imaginación de esta persona, que no está ordenada de manera constructiva, desemboque en una especie de delirio que lo convierta en una persona incomprensible para los demás. En este caso, termina por llegar a una situación de aislamiento y de incomunicación, causada por la falta de autocontrol.

Por el contrario, si a las características de esta frente se asocia una acentuada convexidad, el individuo se caracteriza, entonces, por tener un comportamiento alegre, jovial y a veces hasta burlón y sarcástico. Sin embargo, incluso con esta ironía y en su gusto por las bromas puede llegar a resultar inaceptable, puesto que no sabe controlar dónde están sus límites.

• La frente trapezoidal con la base más pequeña vuelta hacia arriba es característica del individuo dotado de una inteligencia claramente dirigida hacia los aspectos concretos de la vida. Su visión de la realidad es sustancialmente positiva y, gracias a su capacidad analítica, es capaz de afrontar con éxito los problemas que se le presentan. Su comportamiento está marcado por la decisión y la determinación que ponen en evidencia su espíritu de iniciativa, basado también en sus capacidades nemotécnicas y organizativas. En las relaciones personales este sujeto concede mayor importancia a la concreción, aunque no desdeña, especialmente en las relaciones afectivas, los aspectos emotivos y sentimentales.

El interlocutor con la frente trapezoidal es apreciado en cualquier situación por sus facultades intelectivas que, si se filtran oportunamente, hacen de él una persona brillante y a la vez dispuesta a socorrer a los demás en cualquier circunstancia.

La frente ovalada
o alargada

Se define frente ovalada a aquella cuyo largo decrece progresivamente hacia lo alto: comúnmente se indica con la expresión *frente de huevo*. Generalmente, este tipo de frente tiene un ancho superior a la media y caracteriza a un individuo dotado de una desbordante imaginación, con tendencia a la introspección, a la meditación y al misticismo. En efecto, estas cualidades inhiben la mayoría de las veces su aplicación en el campo de las actividades manuales utilitarias. Por lo general, a esta persona le fascinan más las ideas extravagantes y utópicas que los temas realistas y concretos: su iniciativa intelectual acaba por llevarle a afinar la intuición, dote que caracteriza en todos los aspectos sus relaciones interpersonales. Venciendo su innata tendencia a la introversión, en las relaciones con los demás es capaz de darse y de ofrecer incluso una dedicación absoluta, conservando, sin embargo, un gran apego a sus propias convicciones. De temperamento nervioso e inquieto, está muy dotado para las actividades artísticas, lo cual le permite exteriorizar la inmensa inspiración que posee. Es una persona a la que hay que tener en cuenta ya que, a pesar de una aparente falta de constancia, hace de los demás uno de los principales motivos de su propia vida.

Otros tipos de frente

A estos principales tipos de frente, la experiencia derivada de la aplicación de la fisiognomía añade la frente inclinada, la frente vertical y la frente prominente. Dado que estas no suelen tenerse en cuenta en los tratados de fisiognomía, aquí se proporcionarán sólo algunas características básicas.

• *La frente inclinada,* es decir, claramente inclinada hacia arriba, indica imaginación aplicada a la actividad práctica, temperamento impulsivo y combativo, imprudencia e impresionabilidad acentuada. El individuo con una frente inclinada es una hábil orador, aunque sus palabras a menudo resultan increíbles y mentirosas. Una acentuada inclinación de la frente denota una persona irritable, despótica y caprichosa, desprovista de raciocinio, pero capaz de brillantes intuiciones.

• *La frente vertical* está caracterizada por una anchura asociada a una concavidad en la raíz de la nariz. Identifica a un individuo de carácter obstinado y a la vez de costumbres, cuyas reacciones están presididas principalmente por un espíritu de contradicción. Este sujeto está dotado de una inteligencia positiva y matemática y de un relevante raciocinio que lo llevan a sobresalir en todas las actividades que tienen un fin bien determinado.

• *La frente prominente* identifica, en el caso de una prominencia en la parte inferior, a un individuo dotado de un acentuado ingenio para las actividades prácticas. También es muy significativa su capacidad de observación que le permite captar los más recónditos comportamientos de su interlocutor. Otras características son la voluntad, la eficiencia y la determinación.

En el caso de una prominencia en la parte media, el individuo se caracteriza por una gran capacidad nemotécnica y por una tendencia a la meditación y a la melancolía. Se trata de una persona de naturaleza introvertida, indecisa y con una desmedida excitabilidad que va en contra de la claridad de pensamiento. La prominencia en la parte superior de la frente indica una inteligencia abstracta que determina una gran dificultad en las relaciones personales, a causa también de la intolerancia que caracteriza a esta persona. Sin embargo, debe subrayarse la originalidad y la predisposición hacia la elaboración de sistemas filosóficos.

Cejas y párpados

• **Los arcos de las cejas, la apertura y la conformación de los párpados proporcionan indicaciones interesantes sobre el retrato
psicológico de una persona, aunque a menudo pasan a un
segundo plano respecto a la luminosidad y la intensidad de la
mirada.**

Antes de analizar las características psicológicas que proporcionan los ojos (y debe recordarse aquel antiguo refrán de que «los ojos son el espejo del alma») es indispensable para el desarrollo de este libro tratar de manera esquemática las cejas y los párpados.

Las cejas pueden proporcionar aquellas indicaciones que sirven, tras haber aprendido con la práctica los secretos de la fisiognomía, para formar con detalle el retrato psicológico de la persona. Pero antes de indicar las equivalencias caracteriológicas relativas a las cejas es indispensable dedicar unas pocas líneas a los arcos de las cejas.

La fisiognomía distingue dos tipos de arcos de cejas.

Los arcos de las cejas prominentes indican, según el tipo de frente, la predisposición del sujeto hacia una particular actividad intelectiva. De este modo, existe una inclinación hacia la filosofía cuando la frente es ancha, hacia la ciencia si la frente es rectangular, y por último hacia las artes en el caso de que la frente sea trapezoidal con la base superior muy alargada.

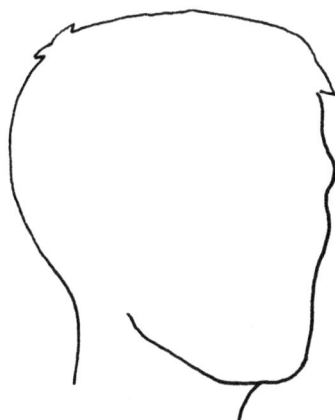

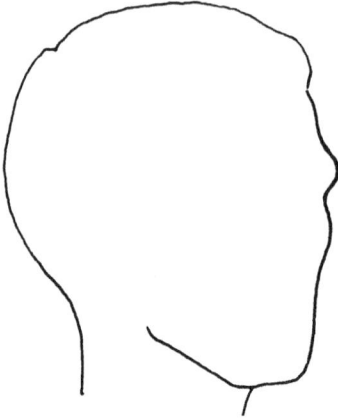

Los arcos de las cejas muy desarrollados, comúnmente llamados *en visera*, indican un temperamento tosco, indisciplinado y violento.

A continuación se analizarán con detalle los más comunes tipos de cejas y las relativas correspondencias caracteriológicas.

- *Cejas delgadas:* indolencia, falta de decisión, apatía y pereza mental.

- *Cejas espesas:* irascibilidad, exaltación, irritabilidad, eficiencia y espíritu de contradicción.

- *Cejas cortas:* volubilidad, exasperación, inconstancia e inestabilidad emotiva.

- *Cejas anchas:* vitalidad, energía, decisión y resistencia.

- *Cejas arqueadas y r e d o n d e a d a s :* docilidad, tolerancia, diplomacia y espontaneidad.

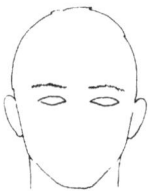

- *Cejas arqueadas «en arco convexo»:* valentía, energía, espíritu combativo, introspección y originalidad.

- *Cejas horizontales:* autoridad, obstinación, tenacidad y falsedad.

- *Cejas que descienden hacia las sienes:* timidez, inquietud e inseguridad.

- *Cejas ascendentes hacia las sienes:* alegría, agresividad, energía, audacia y falsedad.

- *Cejas unidas a la raíz de la nariz:* susceptibilidad, celos, exuberancia.

- *Cejas cercanas a los párpados:* ambición, resolución, vitalidad, ansiedad e introspección.

- *Cejas alejadas de los párpados:* indecisión, timidez, ingenuidad y fragilidad emotiva.

- *Ausencia de cejas:* apatía, inconstancia, inseguridad e inestabilidad.

La fisiognomía es capaz de proporcionar informaciones indispensables para componer el mosaico caracteriológico de un individuo incluso a partir de elementos que a menudo se escapan a un observador distraído. Este es el caso de los párpados que generalmente se descuidan al atraer más la luminosidad y la profundidad de la mirada de la persona.

La fisiognomía fundamenta sus correlaciones psicológicas en dos peculiaridades bien distintas de los párpados: su apertura (o hendidura palpebral) y la conformación de los párpados superior e inferior.

A continuación se analizarán sistemáticamente los elementos caracteriológicos que se asocian a las hendiduras de los párpados.

Una hendidura palpebral acentuada denota curiosidad, atención, franqueza, espiritualidad, entusiasmo, optimismo y esperanza, mientras que una hendidura palpebral reducida es indicador de reserva, escepticismo, prudencia, egoísmo y crueldad.

Se estudiarán a continuación las correlaciones psicológicas que la fisiognomía atribuye a los párpados.

• *Párpado superior horizontal:* egoísmo, habilidad y espíritu calculador.

• *Párpado superior bajo:* astucia, sentido práctico, materialismo, soberbia e inmodestia.

• *Párpado superior carnoso:* avaricia, astucia, timidez, reserva, diplomacia, meticulosidad y concentración.

• *Párpado inferior bajo:* debilidad, melancolía, timidez y perfidia.

• *Párpado inferior levantado:* cortesía, sensualidad, dulzura, amabilidad y docilidad.

Después de estas breves anotaciones, el interés del lector curioso debe concentrarse en aquello que la sabiduría popular ha mantenido vivo a través del paso de muchos siglos: los ojos, que además de ser considerados como «el espejo del alma» son también la fuente principal, en fisiognomía, de inmediatas correlaciones caracteriológicas.

Decía un antiguo proverbio «mira en los ojos de quien te habla y enseguida entenderás si dice lo que piensa y si hará lo que dice». La fisiognomía permite, en efecto, mediante el análisis de los ojos, ver las intenciones reales de la persona, la veracidad de sus afirmaciones independientemente del aspecto de otros rasgos somáticos que en apariencia deberían revelar más información. Por ello es importante leer con mucha atención y aplicar cuanto se hallará escrito en el próximo capítulo.

Los ojos

- Los ojos son una fuente extraordinariamente fiable de informaciones acerca de la naturaleza de la persona.
- La fisiognomía basa sus propios enunciados en su posición, dimensiones y formas.
- La importancia y el significado del color de los ojos.

A cualquiera le habrá pasado, más de una vez en la vida, leer en los ojos de una persona la mentira o una oculta sensación de incomodidad, en una contradicción evidente con cuanto afirman sus palabras. Por el contrario, en otras ocasiones han sido los ojos los que han transmitido una sensación favorable a pesar de que se percibiera una actitud distante o intolerante. Y esto sin tener en cuenta ningún razonamiento o cálculo dado que en los ojos puede encontrarse, más que en cualquier otro rasgo somático, la verdadera naturaleza de la persona que se tiene enfrente. Es suficiente con recordar experiencias vividas para poder valorar estas afirmaciones. Cuántas veces ha sucedido que una persona reconozca a otra con la que había mantenido un contacto meses o años antes tan sólo a través de la mirada, y después ha vuelto a su mente el lugar del anterior encuentro, las palabras intercambiadas y la impresión que de ellas extrajo.

Esta es una experiencia que cualquiera puede relatar, en definitiva una situación que demuestra la importancia de los ojos como elementos insustituibles para comprender la peculiaridad del carácter de un individuo.

Dada la brevedad de este capítulo se tratarán las implicaciones psicológicas que se derivan exclusivamente de los ojos, remitiendo al lector al «apéndice» para todo lo referente a la mirada. Es esencial subrayar que las informaciones que se exponen en los párrafos siguientes son de capital importancia, así como el constante ejercicio, para alcanzar los resultados válidos que la fisiognomía pone a disposición del propio estudioso.

Antes de tratar los ojos vale la pena recordar que la observación deberá realizarse de manera espontánea para no incomodar al interlocutor, dado que ello podría falsear sus expresiones y no nos permitiría captar las características necesarias para descubrir las tendencias y la conducta de la persona.

Además debe subrayarse que la excesiva movilidad de los ojos y de los párpados indica siempre inseguridad, inconclusión, escepticismo y falta de sinceridad.

La fisiognomía extrae sus propios enunciados basándose en la posición, en la dimensión y también en la forma de los ojos.

Algunos estudiosos añaden a estas características el color del iris, que se tratará de manera esquemática en el último párrafo del capítulo.

Posición

En lo que respecta a la posición pueden distinguirse dos tipos de ojos:

— juntos (si la distancia que los separa es inferior a 3 cm);
— separados (si la distancia que los separa es superior a 3 cm).

Como ya se ha subrayado en el capítulo anterior al respecto de la frente, al ser imposible medir con un metro la distancia entre los ojos, sólo mediante un constante ejercicio será fácil captar al primer vistazo el tipo de ojos al que pertenece la persona que se tiene delante.

Ojos juntos

Los ojos juntos caracterizan a un individuo racional y concreto, aunque algunas de sus manifestaciones de comportamiento pueden ser indicativas de cinismo. De cualquier manera, debe considerársele una persona positiva, a pesar de la volubilidad y la inseguridad que a veces le llevan a actuar con una objetividad totalmente extraña a instancias sentimentales y afectivas. Esta persona parece en primer contacto muy distante, desinteresada y apática: esto es exclusivamente fruto de la tristeza que lleva dentro y que no desea compartir con los demás.

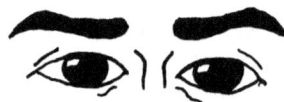

Las relaciones interpersonales están marcadas por la franqueza y la comprensión recíproca.

Ojos separados

Los ojos separados caracterizan a una persona generalmente ávida y egoísta, dispuesta a aprovechar cualquier situación para su propio beneficio.

El comportamiento de esta persona está marcado por la falta de prejuicios y la indiferencia, lo que le convierte a menudo en el centro de las críticas o, peor aún, de venganzas. Pero todo ello le deja completamente indiferente en cuanto que para apagarlo es suficiente con la adulación de la que se siente circundado.

La aproximación a esta persona suele ser bastante difícil, puesto que no suele estar dispuesto a aceptar las ideas de los demás. Sin embargo, debe tenerse en cuenta que su intolerancia y su irritabilidad acaban atemperándose en cuanto ve la posibilidad de una gratificación que refuerce su propio egocentrismo.

Las relaciones personales de estas personas, en efecto, están marcadas por la melifluidad, el utilitarismo y la falsedad.

Ojos oblicuos con los párpados inferiores vueltos hacia la nariz

Este tipo de ojos son característicos de personas idealistas e ingenuas que, a causa de su romanticismo y de su acentuada sensibilidad, suelen verse obligadas a sufrir los contratiempos que les impone la vida.

El comportamiento de estas personas está motivado por el temor, la indecisión y la inestabilidad emotiva, lo que explica su tendencia a la melancolía, a la introspección y al abatimiento que a menudo culmina con una renuncia respecto a la cual la persona no sabe darse tregua.

El acercamiento a este individuo está marcado por una dificultad de comunicación que sólo la dulzura y el tiempo pueden llegar a anular. A la aceptación previa seguirá una relación que, aunque conserve una idealización seguramente excesiva, podrá, a la vez, resultar franca y duradera.

Ojos oblicuos con los párpados inferiores vueltos hacia las sienes

Este tipo de ojos son propios de un individuo sensible y rico en cualidades positivas que, sin embargo, le resultan difíciles de manifestar a causa de una mal disimulada timidez.

El comportamiento de esta persona suele estar expuesto a las críticas, dado que su presunta incoherencia, debida a la incertidumbre, acaba por ser entendida como falsedad o volubilidad.

Por el contrario, esta persona fundamenta su propia existencia en la constancia y en la verdad permanente aunque, a la vez, pueda demostrar una falta de iniciativa y de decisión que la relega a un segundo plano en las situaciones esenciales.

Las relaciones personales con este individuo, tras una fase inicial vivida por él con perplejidad siempre creciente, se resolverán repentinamente en una relación muy positiva que, sin vacilaciones, no podrá más que satisfacer por la lealtad, la dedicación y la alegría que ofrece.

Dimensiones

No existen referencias milimétricas en cuanto a las dimensiones de los ojos: también en este caso deberá ser el observador con la habilidad derivada del ejercicio quien clasifique los ojos a partir de la armonía general del rostro.

Ojos pequeños

Los ojos pequeños son característicos de un individuo dotado de vívida inteligencia, emprendedor, intuitivo y con agudeza de espíritu. A menudo se añaden a estas dotes, en especial en las personas brevilíneas, inconstancia, envidia y egoísmo, que le llevan a comportarse de una manera poco objetiva en lo que respecta a las ideas de otras personas. Debe añadirse que generalmente estos individuos acaban por utilizar a los demás en cada ocasión, aunque aparentemente estén dispuestos a ser condescendientes a instancias del otro.

Según este comportamiento, inconscientemente las relaciones de estas personas con el prójimo están sujetas a un rápido deterioro; en cuanto a su innato deseo de sobresalir se une una sutil hipocresía.

Ojos grandes

Los ojos grandes son típicos de una persona dotada de imaginación, versatilidad y sensualidad y, en algunos casos, susceptibilidad. A estas peculiaridades se suma —si la persona pertenece al tipo longilíneo— una inseguridad que puede representar la abulia cuando se encuentra frente a situaciones que ponen en entredicho sus propias convicciones. Además, esta persona, aunque está dotada de un óptimo espíritu de observación, acaba por hacer vano cualquier esfuerzo dirigido a conseguir un fin cuando este está estrechamente relacionado con el raciocinio y el utilitarismo.

Sus relaciones personales están marcadas por la impulsividad y la volubilidad, a pesar de la aparente timidez que demuestra y que puede llevar a engaño a su interlocutor. Es bueno que no se olvide que bajo esa aparente pasividad se oculta una persona que ha hecho de la soberbia su propia bandera.

Forma

Acerca de la forma de los ojos, en particular sobre la pertenencia a las diferentes categorías, los estudiosos de la fisiognomía se hallan todavía hoy día en desacuerdo en lo que respecta a los ojos hundidos o saltones. Algunos autores prefieren tratar estos tipos de ojos desde el punto de vista de las dimensiones, mientras que otros prefieren hacerlo de manera independiente. En esta obra, siguiendo la lección de Gibass, estos tipos de ojos se estudiarán en el Apéndice (pág. 109).

Ojos ovalados o almendrados

Los ojos ovalados son característicos de un individuo dotado de sensibilidad e inteligencia, aunque en algunos casos esta persona puede exteriorizar crueldad y astucia. El carácter de esta persona está marcado por la frialdad, a pesar de que la riqueza de sentimiento y la actividad se unen al sentido práctico.

Esta persona, prudente a la vez que curioso, tiende a crearse una vida basada en lo concreto, pero a pesar de ello, manifiesta con facilidad insatisfacción y aburrimiento, especialmente cuando se halla ante contrariedades. Su insatisfacción le empuja a intentar una continua mejora aunque sea a costa de la coherencia. De este modo se explican la volubilidad y el escepticismo que caracterizan sus relaciones personales, que en un principio pueden ser difíciles por lo reservados que son y más adelante no ofrecen al interlocutor más que desilusiones y amarguras. En suma, persiste el espíritu egoísta de este individuo.

Ojos redondos

Los ojos redondos son propios de una persona dotada de imaginación, emotividad exasperada y susceptibilidad. El comportamiento de esta persona está marcado por la calma y la reflexión, aunque demuestra, cuando se siente atacada en sus propias convicciones, accesos de ira.

Otra particularidad es el alejamiento de la realidad, el cual explica su naturaleza romántica, que le lleva a consagrarse por completo en un ideal, ya sea tangible (en pocas ocasiones) o exclusi-

vamente dictado por la propia imaginación. Por lo general, este individuo rechaza las controversias para salvaguardar la tranquilidad en la que desea vivir.

Se trata de una persona que, tratada con dulzura y comprensión, ofrece una importante ayuda en la solución de problemas existenciales, puesto que sus palabras siempre están dictadas por la razón, a pesar de la imperiosidad que a veces caracteriza su comportamiento.

Ojos saltones

Los ojos saltones son propios de un individuo introvertido que continuamente vive las complicaciones derivadas del deseo de querer parecer brillante y abierto. La personalidad de estas personas es en efecto muy compleja y en ella se conjugan de manera extraña apatía y vivacidad, raciocinio e imaginación, lo que le lleva a asumir las conductas más disparatadas incluso frente a la misma situación.

Normalmente esta persona está dotada de considerables facultades nemotécnicas que le permiten afrontar con éxito aquellas situaciones en las que la experiencia puede suplir la falta de instinto.

Se trata de una persona que, si está oportunamente comprometida, puede dar lo mejor de sí misma en el ámbito profesional. En las relaciones afectivas rechaza adoptar una posición concreta, lo que causa una situación de descontento que culmina en la soledad.

Ojos hundidos

Los ojos hundidos son característicos de un individuo introvertido hasta el límite del autismo. La personalidad de este individuo está marcada por el raciocinio, la reflexión y la melancolía, elementos que denotan su escasa vitalidad, su tendencia a la depresión y una exasperada susceptibilidad, trasformada en algunos casos en falta de sinceridad. Habitualmente el comportamiento de esta persona está marcado por la indecisión, la timidez y la reserva. La dificultad de comunicación es la gran cruz de las personas con los ojos hundidos: desearían poder darlo todo de sí mismas, pero la falta de valor y el temor de resultar inoportunos acaban por relegarlas a un plano en el que su presencia resulta insignificante y silenciosa.

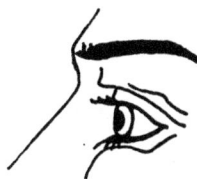

Se trata de un individuo que necesita mucha decisión y dulzura para poder corresponder a los demás con lo mismo que le ofrecen.

El color de los ojos

Sobre este tema debe decirse, en primer lugar, que el observador queda atrapado por el color de los ojos antes que por los trazos somáticos que pueden caracterizarlos. A veces, el iris puede prestarse a dirigir las propias formulaciones, es decir, puede convertirse en un punto de partida para orientar la investigación acerca del carácter de la persona que se tiene enfrente. Los estudiosos de la fisiognomía no están de acuerdo acerca del color de los ojos. Aquí, sólo se proporcionará el equivalente caracteriológico propuesto por Gibass y Saponaro en sus respectivos estudios.

• *Ojos oscuros:* astucia, sensualidad, nerviosismo, voluptuosidad, voluntad y raciocinio.

• *Ojos azules:* ambición, inquietud, falsedad, sentido práctico, egoísmo, debilidad, reserva y fantasía.

• *Ojos verdes:* irritabilidad, irascibilidad, sensualidad, benevolencia, generosidad, dedicación, valor e inteligencia.

• *Ojos grises:* falsedad, paciencia, sentido práctico, optimismo, coquetería y entusiasmo.

Naturalmente, estos son los colores de ojos más comunes y a los cuales la fisiognomía atribuye un preciso significado caracteriológico. Para el resto de matizaciones del iris (los investigadores han conseguido clasificar 54 posibles variaciones de color) los estudiosos de la fisiognomía deben saber correlacionar el iris con la tendencia hacia un color y con otros rasgos somáticos del rostro, lo cual es exclusivamente posible mediante la práctica constante y la agudeza de las propias capacidades de observación.

De cualquier modo, no debe olvidarse (aunque pueda parecer una recomendación repetitiva) que sólo el conjunto de los detalles de un rostro puede ofrecer la posibilidad de formar el retrato psicológico de una persona, aunque a veces un único rasgo somático, quizás insignificante a primera vista, pueda dirigir al observador hacia el buen camino.

La nariz

- La nariz, al igual que los ojos, caracteriza inmediatamente el rostro y llama la atención enseguida al observador.
- Es un elemento fundamental en la lectura del carácter de una persona.

En los capítulos anteriores se ha destacado varias veces de qué manera en la fisiognomía los elementos caracteriológicos de un individuo constituyen una especie de mosaico que sólo el constante empeño y el continuo ejercicio pueden llegar a descifrar.

En efecto, este variado mosaico está formado por numerosos elementos individuales que componen el rostro humano con sus correspondientes correlaciones caracteriológicas.

Uno de los fragmentos más importantes es el formado por la nariz, dado que, al igual que los ojos, es un rasgo muy evidente para el observador que ofrece mucha información para trazar un retrato psicológico. También debe añadirse que desde la Antigüedad la nariz ha desempeñado una función esencial en lo que se refiere a la vida social: el Levítico prohíbe el sacerdocio a los hombres dotados de una nariz desproporcionada o imperfecta, mientras que, por el contrario, entre algunos pueblos primitivos todavía está vigente escoger al jefe de la tribu entre los individuos que tienen la nariz más larga.

A estas anécdotas del folclore popular puede añadirse la de la nariz de Pinocho protagonista de uno de los cuentos que ha acompañado buena parte de nuestra infancia. Y de las fábulas puede pasarse a la historia para recordar a personajes que deben su fama también a la proporción de su nariz: a título de ejemplo, Lorenzo el Magnífico y Cyrano de Bergerac. Las primeras implicaciones caracteriológicas relacionadas con la nariz pueden deducirse de sus dimensiones:

— una nariz de considerables dimensiones es indicio de voluntad, perseverancia y originalidad;
— una nariz de reducidas dimensiones es indicio de debilidad, indolencia y volubilidad.

Otros elementos que pueden proporcionar informaciones útiles para completar el cuadro caracteriológico respecto a la nariz pueden deducirse de su convexidad y su concavidad.

Si se considera la nariz dividida en dos partes, una superior o *tabique* y otra inferior, la llamada *punta*, puede ofrecerse una detallada definición de los términos convexidad y concavidad, elementos de fundamental importancia para poder proceder a continuación a la clasificación de los tipos de nariz.

En cuanto al tabique nasal, se traza una línea imaginaria que una la base de la frente con la punta de la nariz. Se considerará que existe concavidad cuando esta recta pasa por encima del tabique nasal, en tanto que se hablará de convexidad en el caso contrario, es decir, cuando el tabique interrumpa esta línea.

Para considerar la concavidad y la convexidad en lo que se refiere a la punta de la nariz, se traza una línea recta imaginaria que recorra

el tabique en su totalidad a partir de su punto más alto. De esta forma, se hablará de concavidad cuando la punta de la nariz quede por debajo de esta línea imaginaria, mientras que, por el contrario, existirá convexidad cuando la punta de la nariz interrumpa dicha línea.

• Generalmente, la concavidad en la parte superior de la nariz es indicio de pasividad, apatía y fragilidad emotiva; la misma característica en la zona inferior de la nariz indica determinación, energía y audacia.

También en el caso de la concavidad inferior, la fisiognomía distingue dos diferentes caracterizaciones psicológicas según la forma de la punta de la nariz: si esta es carnosa y redondeada indica que el individuo es jovial, generoso, emprendedor y activo; si la concavidad está acompañada de una punta fina y delgada (la llamada *nariz aguileña*) la persona es altruista, voluble, activa, vanidosa y dotada de una sensualidad que roza la lujuria.

• En cuanto a la convexidad: si esta se halla en la zona superior de la nariz indica nerviosismo, inestabilidad e irritabilidad; por el contrario, si la convexidad puede observarse en la parte inferior se trata de un individuo ambicioso, irascible y apasionado.

Debe subrayarse que, en el caso de convexidad inferior, la fisiognomía proporciona dos posibles interpretaciones caracteriológicas fundamentadas en la forma de la punta de la nariz: la llamada *nariz a la francesa* indica vivacidad y exuberancia, mientras que cuando la punta es gruesa y carnosa (nariz de patata) el individuo es holgazán, apático e indolente.

Sin embargo, antes de analizar los tipos de nariz contemplados por la fisiognomía, debe insistirse de nuevo en que sólo con el ejercicio y la constancia pueden obtenerse resultados bien provechosos.

Nariz cóncava en la parte superior

Este tipo de nariz indica un carácter pasivo e inseguro. Se trata de un individuo que se deja llevar por la pereza y la prudencia, a pesar de que está dotado de un considerable sentido práctico. Habitualmente su comportamiento está marcado por el orden y la meticulosidad; es racional, pero sin embargo no desdeña dejarse involucrar en empresas que pueden impresionar su frágil imaginación. La escasa confianza que tiene en sus propias capacidades no le permite tomar responsabilidades o posiciones decididas que podrían

turbar la tranquilidad que tanto le complace.

Se trata de una persona que sólo con el tiempo consigue hacerse aceptar por los demás.

Nariz cóncava en la parte inferior con la punta redondeada

Este tipo de nariz indica un carácter emprendedor y expansivo. Este individuo tiene un gran sentido práctico y un espíritu observador,

peculiaridades que sin duda le hacen destacar tanto en la vida profesional como en la afectiva. Habitualmente su comportamiento está marcado por la tolerancia y por la espontaneidad: esto explica su cierta superficialidad a la hora de afrontar situaciones que no afectan directamente a sus propios intereses. Su volubilidad le conduce a vivir las relaciones personales sin especial compromiso, dejando a menudo a los demás asombrados ante sus defectos.

Es un interlocutor que, a pesar de su inconstancia, sabe hacerse apreciar por su alegría y su benevolencia.

Nariz cóncava en la parte inferior con la punta encorvada

Este tipo de nariz es propio de un carácter activo y enérgico. Se trata de un individuo obstinado e impulsivo, a pesar de que estas características quedan mitigadas por una tolerancia que hunde sus raíces en el rechazo de cualquier discusión. Habitualmente, revela un escepticismo exasperado en lo que se refiere a las ideas de los demás, reputando las suyas como intocables. Ciertamente esto no hace más que confirmar su egocentrismo, su vanidad y la indiferencia hacia todo aquello que para él carece de valor práctico. Sin

embargo, debe añadirse que bajo la determinación aparente se esconde la indecisión, el miedo al riesgo y el temor de asumir cualquier responsabilidad.

Debido a la falsedad y los accesos de ira de los que es capaz, es una persona que difícilmente acepta una relación de igual a igual.

Nariz convexa en la parte superior

Este tipo de nariz identifica un carácter colérico y ambicioso. Este individuo está dotado de gran confianza en sus propias capacidades y en sus propias iniciativas: por ello continuamente se lanza a las más disparatadas empresas que pueden otorgarle reconocimiento por parte de los demás. Habitualmente, su comportamiento está marcado por la altanería y la intransigencia: difícilmente acepta las opiniones de los demás, tratando de desmontarlas por cualquier medio, ya sea lícito o ilícito.

En sus frecuentes accesos de ira a menudo llega a la violencia, pero es suficiente con un mínimo gesto de sumisión por parte de los demás para que se arrepienta. Y sin embargo es capaz de cultivar altos ideales a los que se dedica llegando en ocasiones a una maníaca forma de misticismo.

Es una persona que, a pesar del narcisismo y el gratuito sarcasmo, puede ser de gran ayuda en la solución de problemas existenciales.

Nariz convexa en la parte inferior

Este tipo de nariz, también llamado *a la francesa*, es típico de un carácter con tendencia a la hipo-condría, pero positivo y bondadoso.

Este individuo es melancólico y taciturno, lo que puede crearle dificultades en la vida profesional y afectiva. Su comportamiento, en efecto, acaba estando marcado por una superficialidad mal disimulada que a menudo se transforma en desinterés. Esto explica la escasa estima de la que goza en las relaciones personales, en las que no logra expresar la capacidad de comunicación de la que está dotado. Su comportamiento en sociedad no es más que el efecto de su inseguridad, a menudo convertida en presunción.

Se trata de una persona que, si por una parte puede provocar un cierto rechazo, por otra puede ofrecer grandes satisfacciones dado que sabe dar a los demás toda la sinceridad y franqueza de la que está dotada.

Nariz convexa en la parte inferior con punta carnosa y redonda

Este tipo de nariz, llamada *de patata* indica, como la anterior, un carácter melancólico que en algunos casos puede manifestarse como un autismo y una profunda depresión. Este individuo está lleno de ideales, y a pesar de las apariencias está muy apegado a las pequeñas cosas cotidianas. Habitualmente su comportamiento está marcado por la timidez y la reserva, pero se trata de una persona que en algunas ocasiones es capaz de poner todas las energías para defender una convicción propia. La coherencia junto con el raciocinio son para él una bandera que ondea sobre toda su existencia.

capaz de ofrecer una relación personal serena e igualitaria, siempre que quienes están a su alrededor no traten de cambiar sus opiniones.

Nariz de perfil recto

Este tipo de nariz, llamada *griega*, es propio de un carácter pasivo y voluble. Este individuo basa su vida en la lealtad y la equidad de juicio, sin embargo, debido su ingenuidad, no es capaz de exteriorizar todas sus capacidades. Por lo general su comportamiento está marcado por la tolerancia y la sugestión: de hecho, teme que cualquier situación pueda turbar su precario equilibrio que a veces se fundamenta en la moderación y la discreción.

A pesar de la desconfianza que puede suscitar, esta persona es

En las relaciones personales, negando su verdadera naturaleza, demuestra un egocentrismo y una vanidad que lo convierten en antipático. Sin embargo, es una persona que, una vez vencido el inicial rechazo, sabe ofrecer a los demás una ilimitada y propia devoción.

Nariz gibosa

Este tipo de nariz, definido por Gibass como «desaconsejable», indica un carácter basto, invasivo y desgarbado. Este individuo es propenso a mitigar sus instintos vitales y para ello es capaz de pasar por encima de cualquier norma social, llegando hasta la falta de pudor y de tacto. Sin embargo, sus actitudes, que sin duda son negativas, pueden reservar sorpresas cuando está en juego el bienestar de otra persona: en tal caso, la persona en cuestión es capaz de muestras de generosidad impensables. Desde el primer momento su carácter invasivo se transforma en optimismo y su materialismo en sentido práctico, con lo que puede llegar incluso a autolesionarse para favorecer a su interlocutor.

Se trata de una persona inconstante y difícil de tratar, pero, más allá de las aparentes características negativas, puede revelarse especialmente disponible.

Nariz ancha
en la parte media

Este tipo de nariz indica un carácter voluntarioso y resolutivo. Este individuo está dotado de una férrea voluntad y de una notable energía.

La acción es el elemento principal sobre el que fundamenta su propia existencia. La ambición es el distintivo de estos individuos. Otras características de estas personas son la vanidad y la impaciencia, que unidas a la tendencia al disimulo le hacen difícil de ser soportado. A pesar de todo ello, es indudable su bagaje de cualidades positivas en lo que respecta a los propios problemas prácticos. Habitualmente, su comportamiento está marcado por la independencia y la audacia que acaban convirtiéndose en su «credo».

Se trata de una persona que deja poco margen a las ideas y a los sentimientos de los demás puesto que se siente el centro de todas las atenciones.

Nariz asimétrica

Este tipo de nariz es típico de un carácter inquieto y cargado de complejos.

Este individuo difícilmente deja que en sus comportamientos se muestren sus verdaderas intenciones.

En efecto, su inestabilidad no le permite relacionar sus propias exigencias con las de los demás, del mismo modo que su desconfianza le inhibe para la determinación que es necesaria para alcanzar un fin que no sea material y fácilmente accesible. Su existencia, además de todo lo dicho, se caracteriza por una tendencia a la mentira como fin en sí misma que le conducen a la marginación y a la soledad. Habitualmente su comportamiento denota una impulsividad y un egoísmo que le hacen difícil relacionarse con los demás.

Se trata de una persona privada de escrúpulos que no duda en utilizar a los demás a su antojo.

Nariz ancha en la raíz

Este tipo de nariz, llamada también nariz *chata*, indica un carácter activo y emprendedor. Este individuo está dotado de una gran lealtad y de sinceridad, elementos que lo llevan a ser altamente estimado tanto en el ámbito profesional como en el afectivo. A pesar de lo expansivo que es, le gusta discutir con los demás cada una de sus decisiones, y no para comprobar su validez, sino para procurarse ese afecto e interés que son indispensables para su equilibrio. Si los obtiene, su reconocimiento puede transformarse en intromisión, lo que deteriora la calidad de la relación: posiblemente este es el único problema que turba su monolítico equilibrio.

En lo que respecta a las relaciones personales, debe añadirse que las implicaciones emotivas de este individuo a menudo modifican la autenticidad de las relaciones afectivas y sentimentales. El deseo de solidaridad acaba siendo sustiuido por una dependencia casi obsesiva.

A pesar de esto, se trata de una persona que sabe dar a los demás una inmensa seguridad.

Nariz prominente

Este tipo de nariz indica un carácter presuntuoso e impulsivo. Este individuo está dotado de intuición y de curiosidad, peculiaridades que le conducen a comenzar una infinidad de empresas pero con escasos resultados. Su comportamiento está marcado por una obstinación y una rigidez que hacen de él en apariencia un hombre que sabe lo que quiere. Sin embargo, sólo se trata de una máscara bajo la cual se esconde una persona débil y condescendiente que cede a la mínima contrariedad. Esta versatilidad que posee no está dictada por la dulzura, en cuanto que, apenas intuye una mínima posibilidad de llevar a

los demás hacia sus propios intereses, no duda en servirse de la perfidia y de la brutalidad.

Sus relaciones personales son difíciles dado que su presunción y su soberbia comprometen la eficacia de la comunicación.

Es una persona de la que debe desconfiarse y que sólo después de un profundo conocimiento deja entrever su verdadera naturaleza.

Nariz estrecha y afilada

Este tipo de nariz es propia de un carácter indeciso y melancólico.

Este individuo posee una inteligencia bastante brillante unida al tacto y a la prudencia, lo que le permite acceder a posiciones de prestigio en el campo profesional. A pesar de su temperamento pasivo y de su aparente debilidad, el comportamiento de este individuo está marcado por una severidad y una coherencia que hacen de él una persona respetada en cualquier ambiente. Su escaso altruismo se motiva con un deseo de introspección que le hace huir de conocimientos ocasionales, otorgando mayor importancia a las amistades sólidas y duraderas en las cuales se le reconoce un papel carismático. En efecto, con su imaginación es capaz de ayudar con apropiados consejos a las personas de su entorno.

Es una persona que, bajo una apariencia de frialdad, esconde una sensibilidad capaz de atraer a cualquier persona.

Una vez terminado el análisis de la nariz, el siguiente rasgo del que se tratará será la boca, la cual para la fisiognomía habla incluso si está cerrada, sugiriendo aquellas informaciones que todavía faltan para completar el retrato caracteriológico.

La boca

- Ya los antiguos pensaban que en esta parte del cuerpo se reflejan las emociones, sentimientos y pasiones.
- La medida de la boca, los labios y su posición.

La boca, siguiendo los dictámenes de la fisiognomía, es capaz de proporcionar numerosas informaciones acerca de la personalidad de la persona a la que uno se enfrenta. Desde la Antigüedad, los estudiosos de la fisiognomía han estado siempre de acuerdo en afirmar que en esta parte del rostro se reflejan las emociones, los sentimientos, las pasiones y los odios. Antes de pasar al análisis de los doce tipos de bocas que la fisiognomía plantea, es interesante resumir las indicaciones caracterológicas más significativas en lo que respecta a la región naso-labial, la longitud y la línea de la boca, y la altura de los labios.

- Por región naso-labial se entiende el espacio comprendido entre la base de la nariz y el borde del labio superior. Generalmente esta distancia está en torno a los 2 cm. Si la medida excede este valor significa que se trata de una persona dotada de prudencia, diplomacia, firmeza, tendencia a la reflexión, dignidad y autocontrol. Por el contrario, si el espacio naso-labial es inferior a la medida indicada, la persona en cuestión está dotada de espontaneidad, capacidad de improvisación, imprudencia e impulsividad.

- Por longitud de la boca se entiende la distancia con la boca cerrada de un extremo labial al otro: normalmente es de 5,5 cm en el hombre y de 4,5 cm en la mujer. Si esta distancia excede la medida dada se trata de una persona dotada de un carácter franco y exuberante, impulsiva y a menudo poco delicada desde el momento en que prefiere los aspectos materiales de la vida. Por lo general, es un individuo ávido y calculador. Una boca con medida inferior a la normal indica introversión, melifluosidad, afectación y escasa sensualidad. Habitualmente se trata de un individuo de carácter insensible, árido y tendente al disimulo.

- La línea de la boca la ofrece la comisura de los labios, que en la mayoría de los casos es rectilínea. Si los labios están bien dibujados expresa un carácter equilibrado, si son delgados expresa una disposición a la maldad y a la avaricia; en otros casos, especialmente en una cara que expresa inteligencia, esta es signo de ambición y de frialdad.

  Las comisuras labiales descendentes son propias de una carácter melancólico y orgulloso, siempre en lucha entre la espiritualidad y el instinto. La boca con comisuras labiales elevadas, es decir, ascendentes, expresa buen humor y jovialidad que pueden desembocar, en algunos casos, en presunción y pedantería.

- Por altura de los labios se entiende la distancia que recorre la base del labio inferior y el extremo más alto del labio superior. En el caso de los labios anchos (boca gruesa) puede decirse que

el individuo es de carácter afectuoso y exuberante, muy sensual y deseoso de placeres. Los labios delgados, por el contrario, indican un temperamento frío y calculador que hace pensar en una persona que tiene totalmente anulados sus propios instintos. A menudo, el individuo con los labios delgados es vanidoso y desdeñoso, metódico en extremo.

A continuación se ilustrarán las características psicológicas que la fisiognomía asigna a los diferentes tipos de bocas, recordando una vez más que sólo con la práctica es posible alcanzar resultados fiables. Conviene subrayar aquí que, en lo que respecta a la boca, la fisiognomía funda sus propias correspondencias en los labios sin maquillaje, por ello, en el caso de que los labios estén maquillados será adecuado centrar la observación en otros detalles del rostro de la persona: sin duda ello dará como resultado un retrato psicológico más fiable para una eventual prosecución de un análisis sin maquillaje.

Boca con las comisuras vueltas hacia arriba

Este tipo de boca es típico de una persona optimista, segura de sí misma y orgullosa. Este individuo está dotado de sensibilidad, inteligencia vívida y entusiasmo. Se trata de una persona que no tiene problemas en cultivar amistades puesto que su sociabilidad le lleva a familiarizar con cualquier persona.

Boca con las comisuras vueltas hacia abajo

Este tipo de boca es característico de una persona melancólica, insegura y pesimista. Este individuo tiene poca seguridad en sí mismo, así como poca energía y ambición. Se trata de una persona que debe estar continuamente estimulada para poder dar lo mejor de sí misma tanto en el ambiente laboral como en el familiar. La incomunicación, efecto de la introversión, perjudica sus relaciones personales.

Boca con el labio superior elevado por un lado

Este tipo de boca es característico de una persona con tendencia al sarcasmo y a la ironía, que no son más que una defensa de la inseguridad y el escepticismo que efectivamente la caracterizan. El individuo con los labios sugerentes tiene una frágil emotividad y, debido a su tendencia al pesimismo, a menudo sufre crisis de desazón. Sus relaciones personales están marcadas por la desconfianza y la adulación.

Boca con el labio superior grueso

Este tipo de boca es propio de una persona arrogante, ambiciosa y brutal. Sin embargo, en muchos casos este individuo está dotado de una acentuada sensibilidad, de dulzura y de comprensión: esconde estas dotes bajo una máscara de soberbia debido a su timidez. Se trata de una persona difícil de entender en cuanto que es imposible deducir su verdadero carácter si no es después de una larga y profunda relación. Habitualmente es intolerante, por lo que es difícil entablar con él relaciones personales cuyo fin no sea inmediato.

Boca con el labio inferior sobresaliente

Este tipo de boca es característico de una persona superficial, débil y egoísta. Este individuo carece de intuición, versatilidad y tolerancia. Se trata de una persona cuyo comportamiento puede transmitir cierta bondad aparente debida exclusivamente a la pereza y a la incapacidad de analizar las situaciones a medida que se le presentan. Esta especie de insensibilidad es causa de numerosas dificultades en lo que respecta a las relaciones personales.

Boca con el labio superior sobresaliente

Este tipo de boca, que no debe confundirse con la de labio superior grueso, es propia de una persona simple, sensual e indulgente. Este individuo está dotado de gran afectuosidad, sociabilidad y generosidad. Se trata de una persona que sabe mediar en las situaciones más variadas y no duda en ponerse entre dos contendientes para evitar situaciones que puedan turbar la tranquilidad de los demás: en pocas palabras, odia cualquier tipo de violencia. Sus relaciones personales están basadas en la comprensión, la tolerancia y la franqueza.

Boca con los labios carnosos

Este tipo de boca es típico de una persona dubitativa, perezosa y dedicada exclusivamente a los placeres materiales. Este individuo actúa de manera impulsiva con el único fin de lograr goce personal. Se trata de una persona cuyo único deseo es el de vivir sin preocupaciones, lo cual explica que rehúya cualquier responsabilidad. Deseosa de afecto, esta persona en las relaciones personales no inspira confianza, pero está dispuesta a ceder ante cualquier petición, aunque se le pidiese su propia libertad.

Boca con los labios delgados

Este tipo de boca es característico de una persona introvertida, indecisa y avara. Tiene escasa capacidad de mantener relaciones duraderas con los demás: de ahí la dificultad de exteriorizar los sentimientos personales, que le conducen a la automarginación. En las relaciones personales, que, como se ha indicado, le resultan difíciles de establecer, este sujeto no logra superar la barrera de la timidez, pero cuando por fin lo consigue se muestra disponible y muy sincero.

Boca con el labio superior hundido en el centro

Este tipo de boca es propio de una persona extrovertida, alegre e inteligente, dotada de un elevado sentido de la solidaridad, debido al cual comparte alegrías y dolores con los demás. Se trata de una persona que logra transmitir a los otros su propia serenidad, y su presencia en sociedad representa un don precioso, una especie de alivio, en una sociedad cargada de agresividad y de tensiones como la nuestra.

Boca con los labios arrugados

Este tipo de boca es característico de una persona insatisfecha, enérgica y poco expansiva. Este individuo hace del malhumor la razón de su vida: intratable y colérica atribuye a los demás la culpa de sus propios fracasos.

Su victimismo es, en el fondo, una fuente de presunción y de egoísmo. En las relaciones personales rechaza cualquier opinión que no sea la suya propia o que no está avalada por las propias convicciones o por el propio comportamiento.

Boca con los labios cerrados

Este tipo de boca es característico de una persona enérgica, ambiciosa y que sabe dominar los propios sentimientos. Este individuo está llamado a la acción: nada le satisface más que la próxima meta que se ha propuesto en su interior. En realidad, es exclusivamente una excusa para enfocar su propio arribismo ya que se demuestra incapaz, por codicia, de gozar de su propio éxito. Seguro de sí hasta el extremo, en las relaciones personales está dispuesto a sacrificar a los demás por su propio bienestar.

Boca con los labios entreabiertos

Este tipo de boca es indicativo de una persona agresiva, asustadiza y socarrona. Se caracteriza por una profunda inquietud que provoca en él reacciones exasperadas. Ama la contradicción como fin en sí misma y no es casualidad que sus discusiones provoquen auténticas risas. Impulsivo, en las relaciones personales es intolerante hacia cualquier idea que no esté de acuerdo con sus propios convicciones.

Con esta descripción termina el capítulo dedicado, en la brevedad de la obra, a la boca. Es necesario añadir que las correlaciones proporcionadas por la fisiognomía se refieren tanto al hombre como a la mujer, si bien en el caso de los labios pueden darse situaciones de difícil interpretación provocadas por el maquillaje.

Las mejillas

- Los estudiosos de fisiognomía no están de acuerdo acerca del significado que debe atribuirse a este elemento somático.
- No obstante, de cualquier forma es oportuno no prescindir en esta valoración del análisis del rostro en su conjunto.

Ya se ha constatado de qué manera la fisiognomía sabe encontrar en cada uno de los elementos del rostro humano correspondencias psicológicas que permiten al estudioso formar un exhaustivo retrato caracteriológico de la persona que analiza.

En el caso de las mejillas, sin embargo, existen discrepancias en lo que se refiere al significado que algunos autores han atribuido a este elemento somático.

Poniendo un ejemplo, puede afirmarse que Gibass, en sus apreciados estudios, omite voluntariamente las mejillas. La razón es que cree suficientemente exhaustivo lo que ya ha dicho al respecto de la forma del rostro. Por el contrario, Hermann dedica a las mejillas numerosas páginas en su tratado. Sin embargo, para extraer conclu-siones, es decir, revelar las posibles correlaciones psicológicas, remite al lector a otras partes del rostro. El punto de vista aplicado en este libro está a medio camino entre estos dos estudiosos y acaba coincidiendo con los trabajos de Aldo Saponaro, quien en su estudio sobre fisiognomía dedica un breve pero exhaustivo capítulo a las mejillas.

De esta forma, se analizarán a continuación los diferentes tipos de mejillas y sus correspondencias psicológicas, según las lecciones de Saponaro.

- *Mejillas redondas y carnosas:* sensualidad, entusiasmo, frivolidad y extroversión.

- *Mejillas magras y tensas:* concentración, inquietud, introversión y melancolía.

- *Mejillas hundidas:* nerviosismo, impulsividad, creatividad, volubilidad e inseguridad.

- *Mejillas con pómulos sobresalientes:* energía, coraje, sagacidad y atrevimiento, valentía, ardor, fuerza.

- *Mejillas sin prominencia de los pómulos:* aridez de sentimientos, susceptibilidad, melancolía e irascibilidad.

- *Mejillas con hoyuelos:* carácter caprichoso, frivolidad, coquetería y excesivo deseo de placer.

Es obvio que las mejillas aquí presentadas no agotan toda la tipología que la madre naturaleza ofrece: de hecho la fisiognomía basa sus propios dictámenes en el análisis de cada uno de los componentes del rostro humano, por lo que, en caso de incertidumbre al formular un retrato psicológico satisfactorio a partir de las mejillas, el lector debería dirigirse al capítulo en el que se trata el rostro.

Las orejas

- **Los datos caracteriológicos que pueden obtenerse de las orejas, siempre que no estén ocultas por la cabellera, si bien no pueden determinar una investigación caracteriológica, a menudo pueden perfeccionarla.**
- **La importancia de sus formas, de sus dimensiones y de sus distancias con respecto al cráneo.**

Hace años, algunos estudiosos de la fisiognomía pusieron en marcha una feroz polémica acerca de la correlación entre oreja y vocación musical, perdiendo de este modo de vista la finalidad propia de esta disciplina: intuir los elementos caracteriológicos peculiares de un individuo en análisis a partir de sus rasgos. Lejos de aquellas estériles diatribas, lo que se pretende en este breve capítulo es poner a disposición de quien pretenda servirse de la fisiognomía una ulterior fuente de información caracteriológica que podrá servirle para completar el retrato psicológico de la persona que está ante él.

En primer lugar, es necesario saber que la oreja se divide en tres partes, a saber:

— pabellón (la parte superior);
— cuenca (la parte central o mediana);
— lóbulo (la parte inferior).

La fisiognomía asigna a las proporciones y a las relaciones entre estos tres componentes algunos valores caracteriológicos que se ilustrarán a continuación.

En este caso, también debe insistirse en la evidente imposibilidad de proceder a una medición, por lo que el estudioso deberá captar (con la intrínseca capacidad natural del ojo) las eventuales deformidades de la oreja.

- El pabellón asume un valor caracteriológico relevante cuando sus dimensiones no están en conformidad con la media proporcionada con las otras dos partes de la oreja.

Cuando su tamaño es más grande de lo normal, el individuo es introvertido, sensible, melancólico y soñador. Cuando, por el contrario, el pabellón tiene unas dimensiones reducidas, el individuo es ambicioso, voluntarioso, enérgico y dotado de un gran sentido práctico.

• En cuanto a la cuenca, esta se encuentra en directa relación con el pabellón, y sus correlaciones caracteriológicas se refieren a la esfera emotiva y sentimental. Si la cuenca y el pabellón están bien diferenciados, el individuo es sensible, altruista, expansivo y franco. En el caso contrario, es decir, cuando no existe una clara diferenciación entre pabellón y cuenca, el sujeto es egoísta, superficial, instintivo y caprichoso. En lo que respecta al tamaño de la cuenca, si esta supera proporcionalmente al pabellón y al lóbulo, ello indica que la persona tiene un gran altruismo e intuición.

• Si el lóbulo está en proporción respecto a las otras dos partes de la oreja, es característico de un individuo equilibrado y optimista. El lóbulo alargado indica que la persona es avara, egoísta y materialista. Si las dimensiones del lóbulo exceden proporcionalmente las del pabellón y la cuenca, el individuo está dotado de un gran sentido práctico, es emprendedor y ambicioso. En algunos casos, cuando el lóbulo está muy separado de las mejillas, la persona se caracteriza por la impulsividad, la inconstancia, el orgullo y la soberbia. Un lóbulo de reducidas dimensiones es indicador de apatía, abulia, introversión e incoherencia.

Otras correlaciones psicológicas pueden extraerse de las dimensiones de la oreja, de su distancia al cráneo y de su forma.

Dimensiones

Las orejas grandes indican expansividad, sensualidad, orgullo, ambición, egoísmo, intuición y atrevimiento.

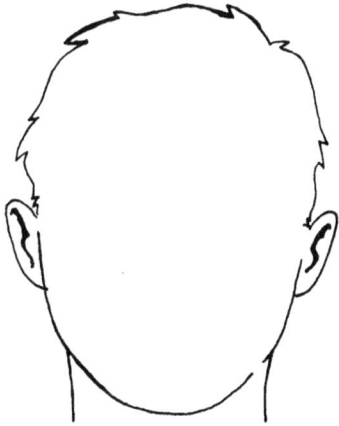

Las orejas pequeñas indican timidez, sensibilidad, introspección, melancolía, versatilidad y propensión al abatimiento.

Distancia del cráneo

Una oreja separada del cráneo de manera proporcionada es característica de un individuo orgulloso, valiente, ambicioso, hábil e intuitivo. Una oreja demasiado separada del cráneo es propia de un individuo, violento duro e hipócrita.

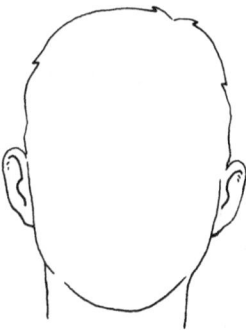

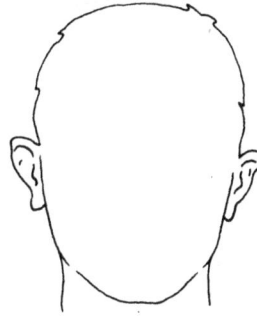

La oreja pegada al cráneo se identifica con un individuo tímido, inseguro, inconstante, egoísta.

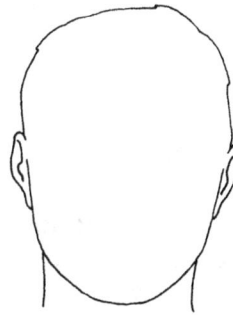

Forma

La fisiognomía distingue, en líneas generales, dos formas de oreja:

— redondeada;
— puntiaguda.

La oreja de forma redondeada es propia de un individuo sensual, audaz, ambicioso, hábil e intuitivo.

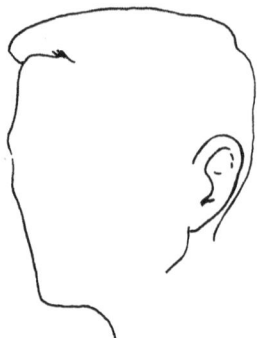

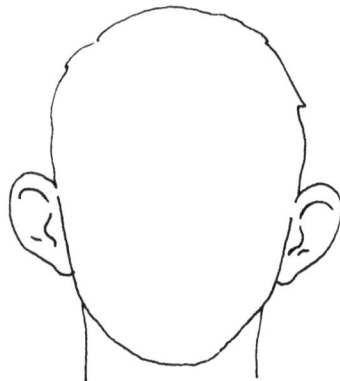

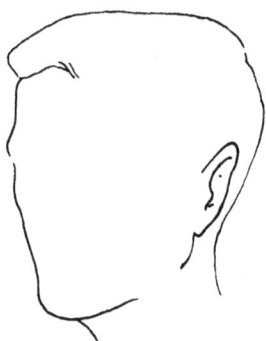

La oreja puntiaguda identifica a un individuo introvertido, tímido, inseguro, inquieto, melancólico e inconstante.

Debe dedicarse una referencia especial, en este breve tratado, a las llamadas *orejas de soplillo* que no se corresponden con las formas hasta aquí propuestas y analizadas.

Las orejas de soplillo son indicadoras de vitalidad que a menudo se transforma en inquietud e impulsividad. El individuo con orejas de soplillo, en la mayoría de los casos, es sensual, altruista, autoritario, voluble y hábil.

En lo que respecta a las orejas, también la fisiognomía, en los últimos decenios, ha estado obligada a adecuarse a aquel postulado de la física llamado *principio de indeterminación*: las contradicciones derivadas de los estudios realizados por Sheldon en 1940 han llevado a los investigadores a afirmar que las referencias caracteriológicas fundamentadas en la observación de las orejas «deben tenerse en cuenta exclusivamente como ejemplos no exhaustivos, cuando no están confirmadas por otras correlaciones psicológicas del rostro». Advertencia de Gibass con la cual es oportuno concluir este capítulo

Mandíbula y mentón

- La mandíbula y el mentón son los elementos que caracterizan la parte inferior del rostro.
- Su interpretación consiste en aplicar cuanto se ha aprendido a propósito de la forma del rostro.

El largo recorrido por los rasgos somáticos y sus relativas correspondencias caracteriológicas está llegando a su fin. En efecto, esta es la zona inferior del rostro, muy por debajo de la boca, donde están las últimas piezas del mosaico psicológico. Es indudable que otras zonas como el cuello, los cabellos, la barba y el bigote (si existen) y las arrugas darán alguna información, sin embargo con este capítulo ya se es perfectamente capaz de captar las implicaciones caracteriológicas de la persona que se analiza.

La fisiognomía ha proporcionado las herramientas para intuir a partir del rostro el carácter de una persona. La práctica constante y concienzuda dará sus provechosos frutos, y las relaciones personales vivirán con una nueva luz: el temor hacia alguna persona desconocida, el salto en el vacío, ya no producirán angustia.

Hablar de la mandíbula significa volver a observar las correspondencias caracteriológicas de dos tipos de rostro, cuadrado y triangular con base superior.

- La mandíbula es el elemento que dibuja el contorno inferior del rostro determinando su caracterización. De este modo, la fisiognomía distingue dos tipos de mandíbula: larga y estrecha.

A esta tipología deben añadirse las correlaciones caracteriológicas que algunos estudiosos asignan al prognatismo de la mandíbula, es decir, la proyección hacia delante de la parte del rostro comprendida entre la nariz y el mentón. Como escribe Saponaro, esto se identifica con un «carácter rudo, egoísta, testarudo, vil y brutal». Sin llegar a adentrarnos en ello, aquí sólo se enumerarán las correspondencias psicológicas dictadas por la tipología clásica.

Mandíbula ancha

La mandíbula ancha es característica de un individuo dotado de un elevado sentido práctico y de una perseverancia fuera de lo común. Esta persona está constantemente dirigida a la acción y a la consecución de un fin: de ello puede deducirse que su vida es una incesante prosecución de luchas (la mandíbula ancha es por antonomasia la del luchador), que están motivadas por una desenfrenada ambición. Todas las situaciones que la vida le reserva se traducen en este individuo en términos de conflictividad,

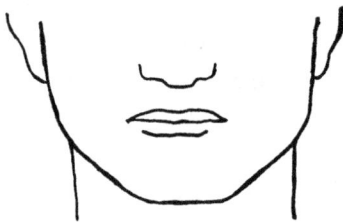

en gratuitos accesos de furia, marginándolo de este modo de la vida social. Esto también sucede a causa de la falta de delicadeza, de la escasa sensibilidad y de la intolerancia que predominan en su relación con los demás.

Mandíbula estrecha

La mandíbula estrecha es propia de un individuo dotado de una considerable imaginación y de una gran sensibilidad. Esta persona está consagrada a la introspección y la timidez, las cuales le conducen a la melancolía o, en algunas ocasiones, al autismo. Su vida está repleta de replanteamientos, renuncias y resignaciones. En pocas palabras, se trata de una persona que

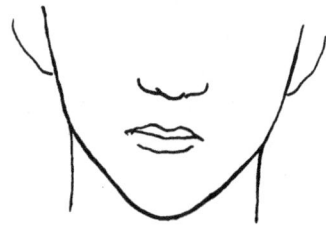

agresividad y resolución. La confianza en sí mismo le lleva en algunos casos a comportamientos exagerados que pueden desembocar

«se deja vivir», delegando en los demás cualquier problema. La incapacidad de afrontar las situaciones prácticas acaba por convertirle en una persona pasiva que no exterioriza las dotes intelectuales que le distinguen. La inteligencia, la intuición y la creatividad no llegan a vencer la barrera de la timidez: esta, conjugada con una profunda inseguridad, determina una especie de aislamiento en la vida social.

Sólo el tiempo y la paciencia de un buen amigo pueden llegar a hacer de esta persona un interlocutor apreciado que, una vez vencido el natural retraimiento, acaba por darse por completo a los demás.

- Estrechamente correlacionado con la mandíbula se halla el mentón. Para el estudio del mentón, la fisiognomía considera con exhaustividad este elemento del rostro y las relativas correspondencias caracteriológicas sobre la base del punto de observación, distinguiendo el mentón visto de frente del mentón visto de perfil.

El mentón visto de frente

La fisiognomía distingue seis tipos de mentones que pueden observarse de frente, a los cuales correlaciona diferentes características de personalidad.

- *Mentón ancho, cuadrado y fuertemente huesudo:* ambición, tenacidad, meticulosidad, egoísmo, resolución e intolerancia.

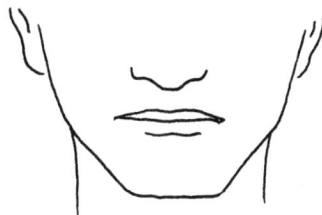

- *Mentón cuadrado, huesudo, pero redondeado en los ángulos:* equilibrio, voluntad, versatilidad, paciencia, persuasión, vitalidad y alegría.

- *Mentón voluminoso:* incoherencia, materialismo, afectación, indolencia y falsedad.

- *Mentón estrecho y magro:* timidez, introspección, altruismo, susceptibilidad y sensibilidad.

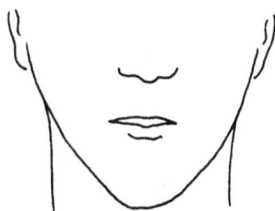

- *Mentón redondo:* energía, habilidad, ambición, obstinación, extroversión, vanidad, originalidad y creatividad.

- *Mentón con hoyuelo vertical:* amabilidad, volubilidad, exuberancia, decisión, vitalidad y habilidad.

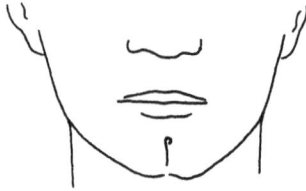

El mentón visto de perfil

La fisiognomía distingue cinco tipos de mentones observables de perfil, a los cuales asigna diferentes peculiaridades caracteriológicas.

• *Mentón recto o plano:* equilibrio, energía, resistencia, audacia, introspección y habilidad.

• *Mentón saliente:* firmeza, voluntad, decisión, meticulosidad, autoridad y audacia.

• *Mentón muy saliente:* avaricia, astucia, falsedad, volubilidad, soberbia y egoísmo.

• *Mentón hundido:* prudencia, disimulo, timidez, inseguridad, incoherencia y circunspección.

• *Mentón muy hundido:* introversión, inconstancia, apatía, abulia, inquietud, irascibilidad, nerviosismo e irritabilidad.

Terminado este sucinto análisis (y con este el tratamiento de todos los componentes del rostro), el punto de interés se dirige ahora hacia aquellos elementos que son el corolario del rostro. El lector no debe descuidar el estudio de las siguientes páginas, creyendo que son de importancia secundaria habida cuenta de los temas, en tanto que sólo a partir de una completa información puede surgir la exactitud en el retrato psicológico del interlocutor. Y la totalidad se consigue a partir del conjunto de todos los detalles, incluso de los que parecen irrelevantes. Con la práctica y con un ulterior pequeño esfuerzo cualquiera podrá, en breve, ser capaz de pintar como Leonardo cualquier retrato caracteriológico.

El cuello

- Al cuello, que no ha sido contemplado por los estudiosos de fisiognomía hasta hace algunos años, hoy día se le atribuyen algunos valores caracteriológicos.
- En cualquier caso, hay que tenerlo en cuenta al concluir con el análisis de los demás elementos somáticos del rostro.

Este es un elemento del cuerpo que hasta hace unos decenios la fisiognomía no tenía en cuenta. Gracias a los estudios realizados por Jerome Pazans en los años treinta, en la actualidad es posible atribuir al cuello algunos valores caracteriológicos. Debe subrayarse que estas correlaciones están fundamentadas en estadísticas relevantes y, por lo tanto, están inscritas en una visión puramente probabilística: el lector deberá fundamentar su propio análisis en los rasgos somáticos del rostro y sólo después de ello tratará de relacionar las propias conclusiones con los valores psicológicos que proporciona el cuello.

A continuación se indicarán las peculiaridades caracteriológicas derivadas de los más comunes tipos de cuello y de sus posiciones.

- *Cuello largo y delgado:* timidez, sensibilidad, meticulosidad, susceptibilidad y raciocinio.

- *Cuello con la nuez saliente:* indecisión, meticulosidad, susceptibilidad y raciocinio.

- *Cuello especialmente delgado:* volubilidad, incoherencia, falsedad e inseguridad.

- *Cuello corto y grueso («de toro»):* energía, vitalidad, sensualidad, irascibilidad y agresividad.

- *Cuello tendente al bocio:* voluntad, ambición, tenacidad, combatibidad y resolución.

- *Cuello inclinado:* inseguridad, inquietud, inconstancia, falsedad e inestabilidad.

- *Cuello recto:* vanidad, soberbia, egoísmo, agresividad, exaltación y originalidad.

Estas nociones extraídas de los estudios de Pazans fueron retomadas y reelaboradas por Saponaro, quien introdujo algunas variaciones e innovaciones aquí no incluidas por ser subjetivas. Todavía en la actualidad es correcto atenerse a la lección originaria del estudioso anglosajón en tanto que es la única que ofrece una nota de fiabilidad.

Cabello, barba y bigote

- Más allá de las modas, las personas cambian la forma y el color de los cabellos según su propia personalidad y sus propias aspiraciones.
- Además, los hombres esconden detrás de la barba o del bigote deseos, a veces no demasiado secretos, de competencia, prestigio o autoridad.

En lo que respecta a los cabellos las correlaciones caracteriológicas propuestas por la fisiognomía se remontan a la Edad Media. Desde entonces aparentemente nada ha cambiado, las valencias psicológicas atribuidas a los peinados no han variado, pero lo que debe tenerse en cuenta en la actualidad al atribuir valores caracteriológicos al cabello, es el hecho de que muchas personas, siguiendo los dictámenes de la moda, cambian el color de su pelo. Sin embargo, pasando por alto, por un momento, las exigencias de las modas, puede afirmarse que elegir el color del propio cabello es un acto que incumbe directamente a la personalidad del individuo. Por eso todavía puede afirmarse una vez más que incluso mediante el color (incluso ficticio) de los cabellos la fisiognomía puede desvelar las aspiraciones ocultas de una persona. En efecto, al cambiar el color del pelo se dirige al observador hacia una personalidad inexistente, pero que encarna las aspiraciones secretas. Y la aspiración, como es bien sabido, condiciona cada uno de los gestos hasta afectar a todo el comportamiento. Además, no debe olvidarse que quien escoge un papel lo representa hasta el final. Por estas razones se repasarán, en este breve capítulo, también los valores caracteriológicos que la antigua fisiognomía daba a los colores de los cabellos.

La fisiognomía distingue seis tipos de cabellos, a los cuales asigna diferentes valores caracteriológicos.

- *Cabellos gruesos:* energía, vitalidad, decisión y soberbia.

- *Cabellos finos:* sensibilidad, meticulosidad e introspección.

- *Cabellos encrespados:* obstinación, autoridad, carácter combativo y decisión.

- *Cabellos rizados:* volubilidad, exasperación, inconstancia, audacia y ambición.

- *Cabellos ondulados:* egoísmo, falsedad, carácter combativo, tenacidad e incoherencia.

En cuanto al color de los cabellos, la fisiognomía distingue exclusivamente cuatro tonalidades a las que asigna valores caracteriológicos bien definidos.

- *Cabellos negros:* vitalidad, egoísmo y soberbia.

- *Cabellos castaños:* espontaneidad, tolerancia y alegría.

- *Cabellos rubios:* sensibilidad, inconstancia e indolencia.

- *Cabellos pelirrojos:* irascibilidad, intolerancia y obstinación.

La barba y el bigote

Hasta este momento todas las características analizadas eran comunes para ambos sexos; sin embargo, será útil abrir un breve paréntesis que, si bien puede ser útil también para el sexo femenino, como elemento fisiognómico tiene que ver exclusivamente con los hombres.

- Llevar barba puede responder a muchas motivaciones, que van desde la necesidad de afirmar la propia virilidad (y, por lo tanto, una pretenciosa supremacía) a la reivindicación de una autoridad que con el tiempo ha ido desapareciendo. No es el lugar apropiado para explicar los motivos que llevan a un hombre a dejarse crecer la barba; sino sólo para relacionar la presencia de la barba con algunas peculiaridades caracteriológicas tal y como nos lo indica la fisiognomía.

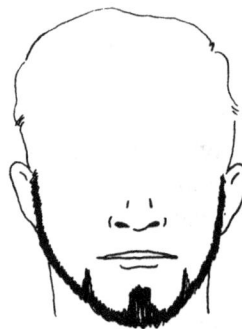

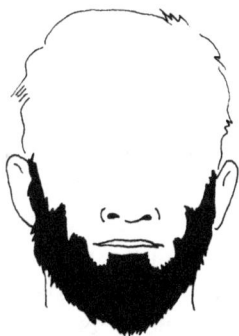

La barba debe entenderse siempre como un deseo, una aspiración que la propia persona desearía que fuese más realizable de lo que en realidad es.

Según la fisiognomía, este apéndice del rostro masculino testimonia, en efecto, diversos anhelos. Entre ellos puede señalarse el deseo de prestigio, autoridad y credibilidad, y de ser más respetado, elemento que puede ocultar una profunda inseguridad.

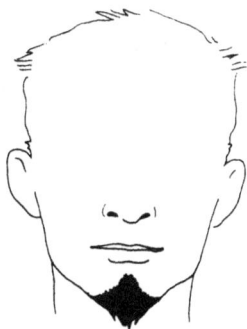

Naturalmente, la barba puede ser también un signo de independencia (el no querer someterse a la obligación de afeitarse) o de tradicionalismo (el parecido con grandes personajes del pasado), o incluso de disimulación (esconder el propio rostro, es decir el propio yo). Más allá del deseo de ser otro (deseo que expresa inseguridad e incoherencia), ni siquiera la fisiognomía es capaz de valorar todas las implicaciones psicológicas que pueden esconderse tras una barba.

- Lo mismo puede decirse acerca del bigote, aunque indudablemente la aspiración a ser diferente de como realmente uno es, se muestra de una forma más limitada. Las interpretaciones que los estudiosos de la fisiognomía han dado en los últimos decenios al bigote son innumerables: aquí se proporcionarán solamente aquellas que entre todas parecen más verosímiles.

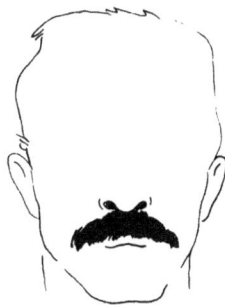

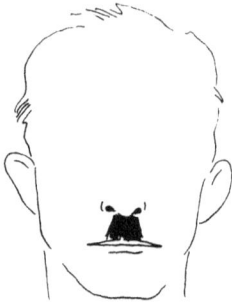

Para Sheldon el bigote «representa un emblema de virilidad y de conservadurismo». Para Pende «el uso del bigote refleja una concepción coercitiva que remonta sus raíces en una familia patriarcal». Para Gibass «el bigote es el testimonio de una veneración hacia los ideales de la patria y de la propiedad»; mientras que Saponaro afirma que «los individuos con bigotes a cepillo son... personas con sentimientos mezquinos». Como puede constatarse, estas opiniones —por otra parte, discordantes entre sí— no proporcionan ninguna aclaración caracteriológica acerca de la persona que lleva bigote. Un sabio consejo es evitar llevar a cabo una correlación psicológica utilizando barba y bigote, de forma que no se pierdan de vista aquellos elementos capaces de proporcionar peculiaridades caracteriológicas inimpugnables.

En resumen, debe prestarse atención al valor de los cabellos, pero es preciso estar muy atentos a su relación con la barba y el bigote.

Las arrugas

> • **Las arrugas son las señales dejadas en el rostro por los movimientos habituales que se repiten con cierta frecuencia y que denotan cuando menos la actitud mental habitual de una persona.**

La arrugas que marcan el rostro del individuo se presentan como la expresión de los movimientos mímicos habituales y repetidos. Por ello la fisiognomía les ha dedicado, desde la Antigüedad, una especial atención, y las ha considerado siempre de especial interés para estudiar el lenguaje del rostro.

Así es, la repetitividad sumada al hábito puede servir para obtener un mayor conocimiento de la actitud mental dominante en una persona y a la vez puede proporcionar algunas informaciones añadidas que resultan de sumo interés.

Sin extendernos excesivamente en este capítulo se exponen a continuación las correlaciones caracteriológicas que la fisiognomía asigna a las arrugas de la frente, las más importantes, y también a las del rostro.

Las arrugas verticales de la frente

La fisiognomía distingue dos tipos de arrugas de la frente: verticales y horizontales.

Las arrugas verticales, llamadas también *arrugas de preocupación*, son las que expresan los sentimientos en los que la voluntad y la inteligencia han desarrollado un papel activo.

Estas arrugas testimonian ambición, meditación, tensión nerviosa, fatiga, inquietud, soberbia y un indisimulado deseo de cambiar. Habitualmente, las arrugas verticales están situadas cerca de las cejas. Se detallan a continuación sus correlaciones caracteriológicas.

Naturalmente, debe subrayarse que las arrugas verticales entre las cejas tienen las correlaciones

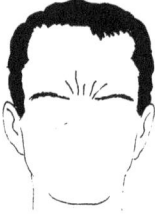

- *Arrugas asimétricas bastante marcadas entre las cejas:* insatisfacción, inseguridad, irascibilidad y falta de equilibrio.

- *Arruga bastante marcada entre las cejas:* introversión, inestabilidad, monomanía y escepticismo.

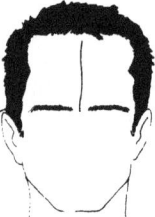

- *Arruga bastante marcada que corta la frente llegando al comienzo del cabello:* irascibilidad, perfidia, tenacidad, crueldad y audacia.

- *Arrugas asimétricas que se originan en el inicio de las cejas:* curiosidad, extroversión, franqueza, entusiasmo y espiritualidad.

caracteriológicas aquí señaladas cuando las medidas de la frente

están dentro de la normalidad. Si, por el contrario, la frente observada es estrecha, corta o mal formada, estas sugieren que se trata de una persona que lucha por resolver problemas que, en realidad, exceden a sus fuerzas y, por lo tanto, estamos ante un individuo en el cual la ambición no está sufragada por la inteligencia.

Las arrugas horizontales de la frente

Las arrugas horizontales expresan una relajación de la inteligencia y de la voluntad: en efecto, son testimonio de estados de ánimo pasivos que puede ir desde la inseguridad a la inconsciencia y que en algunos casos llegan a desembocar en el oscurecimiento mental.

A continuación, se detallan las correlaciones caracteriológicas que se derivan de la existencia de las arrugas horizontales de la frente, tanto según su colocación como según sus dimensiones.

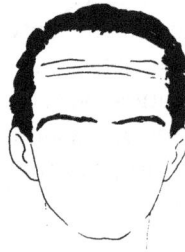

- *Arrugas en la zona superior de la frente:* debilidad, apatía, inseguridad y formalismo.

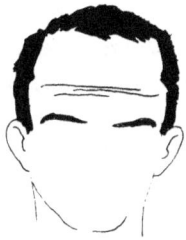

- *Arrugas en la zona mediana de la frente:* ansiedad, exhibicionismo, volubilidad e incoherencia.

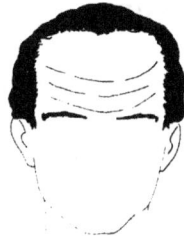

- *Arrugas en acento circunflejo inverso:* indecisión, irresolución, inquietud e incoherencia.

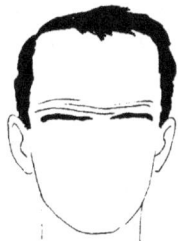

- *Arrugas en la zona inferior de la frente:* introspección, timidez, concentración, docilidad, bondad e indecisión.

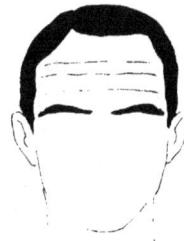

- *Arrugas regulares y sinuosas:* constancia, tolerancia, coherencia y diplomacia.

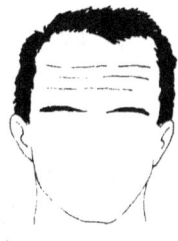

- *Arrugas largas y rectilíneas:* tranquilidad, optimismo, alegría, serenidad, benevolencia y lealtad.

- *Arrugas irregulares y retorcidas:* inconstancia, inquietud, intranquilidad e incoherencia.

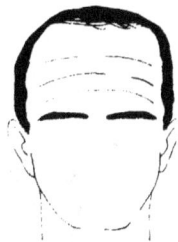

- *Arrugas en acento circunflejo:* orgullo, soberbia, seguridad, egoísmo y arrogancia.

Para concluir este resumen, antes de pasar al tratamiento de las más comunes arrugas del rostro, debe decirse que la ausencia de arrugas en la frente indica satisfacción, serenidad, egoísmo, insensibilidad y coquetería. A veces estas peculiaridades se unen a la intolerancia, la crueldad y la falsedad.

Las arrugas del rostro

Las correlaciones caracteriológicas aquí propuestas tan sucintamente se refieren a las arrugas del rostro que mejor pueden ser identificadas por el observador. Deliberadamente se ignorarán aquellas arrugas a las que la fisiognomía no ha podido todavía dar un valor psicológico a causa de la falta de un estudio sistemático. Las peculiaridades caracteriológicas que aquí se proporcionan se corresponden íntegramente a las conclusiones a las que ha llegado Cornay (uno de los pocos estudiosos de la fisiognomía que ha dedicado una especial atención a las arrugas) en el siglo pasado.

- *Arrugas en el ángulo interno del ojo:* inquietud, inseguridad, indecisión y fragilidad emotiva.

- *Arrugas en el ángulo exterior del ojo o «patas de gallo»:* preocupación, inseguridad, temor volubilidad.

- *Arrugas en los extremos de la boca:* alegría, ambición, habilidad y audacia.

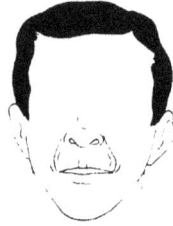

- *Arrugas nasolabiales, que unen las comisuras de los labios con la raíz de la nariz:* soberbia, autoridad, concentración, introversión, egoísmo y seguridad.

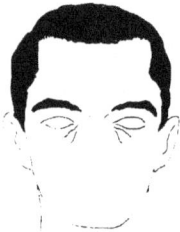

- *Arrugas verticales en las mejillas:* audacia, intolerancia, inquietud, volubilidad, tenacidad y agresividad.

- *Arrugas en el mentón, «doble mentón»:* generosidad, diplomacia, complacencia, tolerancia y susceptibilidad.

El lector se habrá percatado de la brevedad de estas notas acerca de las arrugas, pero una vez más es necesario recordar que la fisiognomía fundamenta sus propios dictámenes en el estudio de todas las partes del rostro.

Por ello, considerando las arrugas como elementos adquiridos, se ha optado por tratarlas de manera sumaria. Tanto en el rostro como en cada uno de los elementos que lo componen se basa la fisiognomía para dirigir sus propias interpretaciones, en las que la aplicación y el constante ejercicio no podrán faltar.

Apéndice

Hasta aquí se ha tratado la fisiognomía según los cánones proporcionados por su evolución histórica, es decir, fundando el análisis exclusivamente en los rasgos del rostro. Este modo de entender la fisiognomía, como ya ha podido observarse, no presenta dificultad alguna y permite, con el ejercicio y la constancia, alcanzar óptimos resultados en lo que respecta al descubrimiento del carácter de una persona. Si a partir de los rasgos somáticos del rostro se sabe descubrir las implicaciones caracteriológicas, es posible conseguir otras informaciones incluso de las expresiones de un rostro, lo que revalorizará (o contribuirá a formar) el retrato caracteriológico de un individuo.

La mirada, la mímica y la sonrisa componen expresiones del rostro. En algunos casos uno de estos tres elementos puede dominar sobre los otros; otras veces se produce una constante alternancia en ese dominio provocada por el sentimiento que en ese momento ocupa el ánimo o la mente del individuo que se analiza. De cualquier modo, en todas las personas hay una expresión dominante que indica el carácter habitual. En este apéndice se analizará la mirada, la mímica y la sonrisa, para intentar alcanzar, a través de su interpretación, la definición de un cuadro característico.

La mirada

- Muchísimos son los adjetivos y las similitudes con las que se ha definido la mirada con lenguaje poético y literario.
- Ciertamente es el elemento exterior añadido que proporciona informaciones más fiables acerca del carácter de una persona.

El sentido común supone que la mirada es el espía de la vida interior de una persona. En efecto, es el elemento exterior más significativo del carácter de un individuo: aquel que puede proporcionar las informaciones más creíbles en lo que se refiere a las intenciones reales de las personas.

Sin entrar en el análisis de los elementos físicos que determinan un tipo de mirada (contracciones musculares, secreciones glandulares, características anatómicas del bulbo ocular, etc.), en este capítulo se relacionarán los diferentes tipos de mirada con el carácter del individuo.

Debe tenerse en cuenta, en primer lugar, que en el ojo la dilatación de la pupila (que hace que el ojo sea más brillante) es indicio de emociones excitantes como la cóle-ra, la alegría, el entusiasmo, etc. Por el contrario, la contracción de la pulpa, y por tanto la disminución del brillo del ojo, es indicio de introspección, tristeza y melancolía. Naturalmente, estas afirmaciones deben considerarse puramente indicativas en cuanto que, como ya se sabe, la luminosidad del ambiente determina la contracción de la pupila mientras que la oscuridad origina dilatación. Esto no significa que las consideraciones antes expuestas no tengan fundamento: sencillamente constituyen el fruto de una elaboración estadística llevada a cabo por Pazans entre 1932 y 1935. La mirada puede expresar una inmensa variedad de estados de ánimo: de la alegría al dolor, del amor al odio, del entusiasmo a la apatía, de la esperanza a la desesperación, etc. Veamos, ahora, la luz de las experiencias de la fisiognomía cuáles son las correspondencias entre la mirada de un individuo y su carácter.

- *Mirada recta y firme:* carácter leal, volitivo, virtuoso y atento.

- *Mirada móvil y vaga:* carácter soñador y distraído.

- *Mirada vuelta hacia arriba:* carácter espiritual, extático, de fácil exaltación.

- *Mirada vuelta hacia abajo:* carácter material, irascible, intolerante y egoísta.

- *Mirada oblicua:* carácter desconfiado, suspicaz, desleal e inclinado a la mentira.

- *Mirada fija que denota atención:* carácter enérgico, hábil y ambicioso.

- *Mirada fija con escasa atención:* carácter apático, indiferente e inconstante.

- *Mirada inquieta que denota atención:* carácter ansioso, vivaz, inquieto y frívolo.

- *Mirada inquieta con escasa atención:* carácter distraído, voluble y tendente a las fantasías.

- *Mirada penetrante:* carácter intuitivo, inteligente, hábil y ambicioso.

- *Mirada radiante:* carácter sensible, tolerante y dulce.

- *Mirada brillante:* carácter apasionado, emotivo y entusiasta.

- *Mirada centelleante:* carácter volitivo, resuelto, imperioso y desdeñoso.

- *Mirada torba:* carácter apático, pesimista e hipócrita.

- *Mirada huidiza:* carácter tímido, inseguro, indeciso y con tendencia a la mentira.

- *Mirada indiscreta:* carácter astuto y suspicaz, con tendencia a la simulación.

La mímica

- También la mímica puede ofrecer una luz acerca de la vida interior de una persona, acerca de su carácter, de su estado de ánimo.
- Los movimientos voluntarios e involuntarios.
- Los tics.

El rostro del hombre está continuamente en movimiento: este conjunto constituye la mímica.

El hombre, mientras habla, lee, escucha, mira o trabaja, delega a las contracciones de los músculos faciales una parte de su vida interior.

En efecto, los movimientos que pueden observarse en el rostro de un individuo no son otra cosa que el centelleo de sus aspiraciones y sus estados de ánimo. Si para el experto la cara habla a través del lenguaje de la fisiognomía, para un interlocutor cualquiera (incluso poco atento) cuenta las fatigas interiores y las emociones, que se viven, por tanto, a través de la movilidad de los músculos. Cuántas veces se dice, partiendo de la mímica del rostro: «este hombre está lleno de miedo» o «es una persona ansiosa», sin conocer mínimamente cuál es la situación emotiva real que vive la persona que se analiza. Cualquiera sabe, por experiencia, que determinados sentimientos están acompañados por una mímica peculiar: la percepción de las emociones de los demás es así de manera automática y no es necesario el mínimo razonamiento para establecer una correlación psicológica. A partir de la mímica puede deducirse el odio, el miedo, el dolor, el ansia, la sorpresa, la reprobación, el desprecio, el orgullo, y podría continuarse acaso incluso hasta citar todos los sentimientos humanos.

Es posible distinguir dos tipos de movimientos mímicos: los voluntarios y los involuntarios.

- La mímica voluntaria es la de más fácil interpretación en cuanto que permite mediante el acto realizado, averiguar de manera inmediata a las intenciones del individuo. Por ejemplo, el hombre que frunce las cejas y aprieta los labios indica que, en ese momento, se está sometiendo a un esfuerzo mental, indicio de voluntad. En otro caso bastante frecuente, guiña repetidamente los ojos, indicando de este modo el deseo de no ver la realidad que lo circunda, indicio en este caso de inseguridad y pasividad.

- La mímica involuntaria, de difícil interpretación, está compuesta por pequeños movimientos que el individuo realiza de manera involuntaria. En la mayoría de los casos se trata de movimientos insignificantes que, sin embargo, con el paso del tiempo acaban por caracterizar al individuo, permitiendo al observador intuir las correlaciones caracteriológicas. Generalmente estos pequeños movimientos son indicio de intenciones ocultas, de tendencias ignoradas, de emociones sofocadas: es decir, de comportamientos que no teniendo una precisa identidad pueden considerarse negativos.

- Otro método de investigación acerca de la mímica está fundamentado en la cantidad de movimientos que se realizan. Los rostros con una movilidad muy acentuada expresan por lo general un carácter vivaz, decidido, alegre, enérgico, aunque en algunos casos a estas peculiaridades se suman (o están incluidas) la volubilidad, la timidez y también la inestabilidad. Los rostros con movilidad escasa o ausente revelan habitualmente un carácter apático y perezoso. Sin embargo, según los estudios de Pazans, en las personas con la frente bien proporcionada, estas peculiaridades negativas se sustituyen por una idea firme, reflexiva y volitiva.

Pueden citarse aquí algunas de las conclusiones publicadas por Karl Jaspers en su tratado acerca de la filosofía de la expresión. Como curiosidad, únicamente, porque, teniendo que ver con elementos que se refieren sólo al ámbito patológico, poco pueden añadir al tratamiento de nuestro tema. Sin embargo, pueden resultar significativas en el caso de que la persona observada presente analogías caracteriológicas con los individuos aquí descritos.

- *Individuo neurasténico:* mímica atormentada e inquieta.

- *Individuo ansioso:* mímica frenética y alegre.

- *Individuo histérico:* mímica blanda y extática.

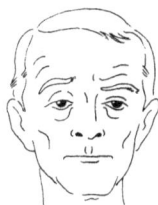

- *Individuo paranoico:* mímica despreciativa y desdeñosa.

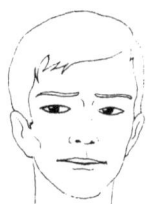

- *Individuo melancólico:* mímica marcada, fría y distante.

Los tics

Hablar de la mímica significa también hablar principalmente del muy difundido fenómeno del tic.

El tic es una contracción muscular involuntaria de brevísima duración, que resulta imposible de controlar. Puede simular o repetir algún tipo de expresión mímica: desde la cólera a la burla, del terror al estupor, del desprecio a la condescendencia, etc. Generalmente puede señalar una tensión reprimida que se origina en la ansiedad de la persona. En efecto, el tic caracteriza a un individuo ansioso, agitado, inquieto e inseguro, que no tiene otra forma de manifestar su propia desazón por una situación que para él es preocupante y racionalmente insostenible. Ese pequeño e inadvertido gesto sirve en ese caso de elemento compensatorio.

La sonrisa

- La sonrisa, al igual que la mirada o la mímica, es uno de los elementos que determinan la expresión habitual de un rostro.
- La risa y el llanto son, en cambio, manifestaciones paroxísticas de los propios sentimientos.

Junto con la mirada y la mímica, la sonrisa es un elemento que permite atribuir al rostro una expresión dominante.

Generalmente, si es espontánea, expresa cualidades positivas del carácter como la benevolencia, la sociabilidad, el altruismo, la indulgencia, la seguridad y la sensibilidad. Por el contrario, cuando la sonrisa es forzada (y no se necesitan especiales facultades para percatarse de ello) la sonrisa indica desprecio, hipocresía, vanidad y disimulo.

La sonrisa es un destello fugaz que compromete incluso la mirada o la mímica, una leve encrespación de los labios que permite observar una correlación caracteriológica. No obstante, aquí sólo se enumerarán una serie de adjetivos que corresponden a la sonrisa y que generalmente pueden identificar incluso el carácter del individuo que sonríe.

La sonrisa puede ser: amplia y abierta o estrecha, dulce o amarga, luminosa u ofuscada, alegre o melancólica, bondadosa o irónica, persistente o fugaz, afectuosa o

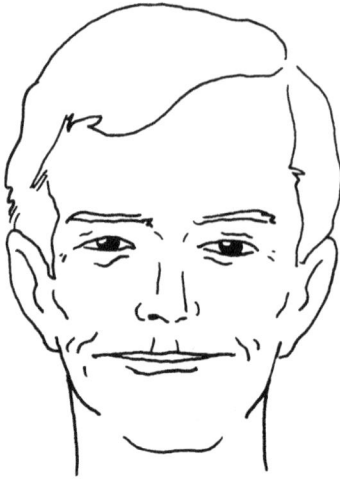

equívoca, sarcástica, sardónica, fútil, perversa, explosiva (característica del individuo tímido, emotivo y optimista), artificial (típica de aquellos que se adecuan a una labor social), fragorosa (característica de naturalezas impulsivas y descontroladas), dulce (típica de la persona sensible), grave (indica el carácter melancólico o indulgente), disimulada (típica de quien está receloso), sonora (expresión de carácter franco y entusiasta),

despreciadora, abandonada o controlada, alegre o triste. A partir de estas características o de la intuición del tipo de sonrisa observada, un atento observador puede conocer la peculiaridad caracteriológica de la persona que tiene ante él.

- En este apartado es oportuno emplear también unas pocas palabras para hablar de la risa.
La risa, al igual que el llanto, se considera una manifestación paroxística que habitualmente no constituye un elemento de la expresión del rostro. Sin embargo, también puede proporcionar, utilizando la metodología utilizada para la sonrisa (es decir, la adjetivación), un término de comparación útil para descubrir el carácter.
La risa puede ser: franca y abierta, alegre, tímida, vulgar,

maliciosa (característica del individuo observador, crítico y atento) y cálida (indica el carácter sincero y afectuoso).

Sin embargo, pueden distinguirse otros tipos de risa (y, en consecuencia, otros valores caracteriológicos) a partir de

120

correlaciones psicológicas que ya son conocidas. Por ejemplo, la risa de aprobación (típica del subalterno o de la persona deseosa de placer), la risa acompañada de grandes gestos (disimulatoria, dado que revela la incoherencia entre la mímica y el estado de ánimo), la risa interrumpida por bruscos sobresaltos (expresión de actividad reprimida), la risa «con la boca pequeña» (típica de una persona insegura) y la risa contenida (característica de una naturaleza contrariada).

• Junto a la risa, automáticamente se piensa en el llanto. Si este es una medida principal de expresión de estados de ánimo como la conmoción, el dolor, la angustia, la depresión (pero en algunos casos es manifestación de alegría o de cólera), la mayor o menor predisposición (o facilidad) el llanto constituye un elemento caracteriológico de indudable importancia. De este modo puede afirmarse que la propensión al llanto es indicio de emotividad, sensibilidad, inquietud y falta de autocontrol.